Reforma Trabalhista e os seus Impactos

(Com as Alterações Promovidas pela Medida provisória n. 808/2017)

MAURICIO DE FIGUEIREDO CORRÊA DA VEIGA

Advogado, formado pela Universidade Católica de Petrópolis (UCP); Doutorando em Ciências Jurídicas pela Universidade Autónoma de Lisboa; Conselheiro da OAB/DF; Secretário da Comissão Especial de Direito Desportivo do CFOAB; Membro da Academia Brasiliense de Direito do Trabalho (ABRADT); Membro do Instituto dos Advogados Brasileiros (IAB) e do Instituto dos Advogados do Distrito Federal (IADF); Autor de livros e artigos jurídicos. Sócio do Corrêa da Veiga advogados.

REFORMA TRABALHISTA E OS SEUS IMPACTOS

(COM AS ALTERAÇÕES PROMOVIDAS PELA MEDIDA PROVISÓRIA N. 808/2017)

LTr EDITORA LTDA.

© Todos os direitos reservados

Rua Jaguaribe, 571
CEP 01224-003
São Paulo, SP — Brasil
Fone (11) 2167-1101
www.ltr.com.br
Janeiro, 2018

Versão impressa — LTr 5916.4 — ISBN 978-85-361-9487-5
Versão digital   — LTr 9290.0— ISBN 978-85-361-9513-1

Dados Internacionais de Catalogação na Publicação (CIP)
(Câmara Brasileira do Livro, SP, Brasil)

Veiga, Mauricio de Figueiredo Corrêa da
    Reforma trabalhista e os seus impactos / Mauricio de Figueiredo Corrêa da Veiga. — São Paulo : LTr, 2018.

    Bibliografia.

    1. Direito do trabalho 2. Direito do trabalho — Brasil 3. Esportes — Leis e legislação 4. reforma constitucional de trabalho 5. Reforma constitucional — Brasil 6. Relações trabalhistas 7. Trabalho — Leis e legislação I. Título.

17-10556   CDU-34:331.001.73

Índice para catálogo sistemático:
1. Reforma trabalhista : Direito do trabalho 34:331.001.73

Para as muito amadas,
Viviane, Alice, Gabriela e Carolina.

Sumário

Introdução 13

1. Reforma Trabalhista no Mundo 17

2. Reforma Trabalhista e os Seus Impactos 19

2.1. Grupo econômico 19

2.2. Tempo à disposição do empregador 20

2.3. Fontes de direito do trabalho 21

2.4. Responsabilidade do sócio retirante 21

2.5. Prescrição e prescrição intercorrente 24

2.6. Normas gerais de tutela do trabalho 34

2.7. Jornada de trabalho 34

2.8. Períodos de descanso 37

2.9. Teletrabalho 37

2.10. Férias 38

2.11. Dano extrapatrimonial 39

2.12. Proteção do trabalho da mulher 41

2.13. Trabalhador autônomo 42

2.14. Contrato individual de trabalho 43

2.15. Sucessão empresarial 43

2.16. Contrato de trabalho intermitente 44

2.17. Vestimenta no trabalho 48

2.18. Remuneração 48

2.19. Isonomia 53

2.20. Alteração contratual..54

2.21. Rescisão 54

2.22. Cláusula compromissória de arbitragem 56

2.23. Representantes de fábrica 56

2.24. Organização sindical 59

2.25. Convenções coletivas de trabalho..60

2.26. Multas administrativas...74

2.27. Homologação de acordos extrajudiciais..75

2.28. Competência do TST...75

2.29. Prazos processuais 75

2.30. Custas e emolumentos...76

2.31. Honorários de sucumbência...77

2.32. Responsabilidade por dano processual 78

2.33. Exceção de incompetência territorial 79

2.34. As provas..79

2.35. A reclamação trabalhista 80

2.36. Preposto...80

2.37. Audiência..81

2.38. Incidente de desconsideração da personalidade jurídica 82

2.39. Homologação de acordo extrajudicial 83

2.40. Execução 84

2.41. Mandado e penhora...84

2.42. Embargos à execução..85

2.43. Recursos...85

2.44. Depósito recursal 87

2.45. Contribuições previdenciárias 87

3. Limites da Autonomia Negocial Coletiva Impostos pela Reforma 89

3.1. Negociação coletiva 90

3.2. Limites da autonomia negocial coletiva 94

4. Terceirização e Trabalho Temporário 100

5. Impactos da Reforma Trabalhista no Direito Desportivo 105

5.1. Atletas profissionais 105

    5.1.1. Atleta autônomo 106

    5.1.2. Atleta hipersuficiente 107

    5.1.3. Remuneração 108

    5.1.4. Férias 110

5.2. Treinador desportivo 111

    5.2.1. A Lei n. 8.650/1993 111

    5.2.2. O Projeto de Lei n. 7.560/2014 113

    5.2.3. O Projeto de Lei Geral do Desporto em tramitação no Senado Federal 117

    5.2.4. Novidades que poderão ser implementadas pela Reforma Trabalhista 118

Referências Bibliográficas 123

"Não há alegria sem tristeza, nem desejo sem temor, nem esperança sem dúvida."

VIEIRA, Pe. Antônio. *Sermões. Obras Completas.* v. XI.

Introdução

A ideia do presente trabalho nasceu após análise da Lei n. 13.467/2017 que implementou a Reforma Trabalhista. São inúmeras as interpretações que estão sendo dedicadas à nova lei.

Com apenas três dias de vigência a referida lei sofreu alterações em razão da publicação da Medida Provisória n. 808, ocorrida em 14.11.2017.

Com efeito, diante das novas modalidades de trabalho que surgem com o passar dos tempos, juntamente com a evolução dos meios de produção e a maior capacitação e especialização de empregados, já era hora de se implementar mudanças com o reconhecimento do teletrabalho, por exemplo e a concessão de maior autonomia a determinada categoria de empregados altamente especializados.

A Reforma Trabalhista é uma realidade que passou a fazer parte da vida de todos os brasileiros a partir de 11.11.2017.

As alterações introduzidas pela Lei n. 13.467/2017, provocarão mudanças no direito material (individual e coletivo) do trabalho, direito processual do trabalho e algumas regras de direito administrativo.

Infelizmente a questão está sendo tratada de forma ideológica, quando deveria ser apreciada sem paixões políticas e como uma possibilidade de se reduzir o desemprego (que de acordo com as últimas pesquisas se aproxima dos 13.000.000 — milhões de habitantes) e acelerar a economia.

As decisões tomadas pelos sindicatos passarão a ter enorme importância, na medida em que os acordos e convenções por eles firmados terão força de lei e não mais poderão ser desconstituídos pela Justiça do Trabalho, o que vinha ocorrendo com enorme frequência, gerando uma total e absoluta falta de segurança, fazendo com o que o STF tivesse que frear a postura do Judiciário trabalhista.

Novas modalidades de contratação passarão a fazer parte do quotidiano de patrões e empregados. Além disso, regras inerentes à própria execução do trabalho também serão alteradas, como o tempo de deslocamento e trabalho em local insalubre para gestantes. Regras processuais, inclusive de representação da empresa em juízo sofrerão alterações.

Interessante destacar que a proposta original da Reforma Trabalhista, apresentada em dezembro de 2016, era muito mais tímida do que a atual, na medida em que se limitava a tratar de temas como: multas administrativas, trabalho parcial alargado, representação de fábrica, terceirização ampla e a prevalência do negociado sobre o legislado.

Ao Projeto de Lei n. 6.787 foi agregado o substitutivo (aumento substancial do texto), que provocou a alteração de mais de 100 artigos da Consolidação das Leis do Trabalho — CLT.

Assim que a Lei n. 13.467/2017 entrou em vigor no ordenamento jurídico brasileiro, surgiram os primeiros embates práticos, em especial a questão da aplicação da lei no tempo, na medida em que sentenças que foram proferidas a partir de 11.11.2017 já passaram aplicar as novas disposições legais, como a sucumbência recíproca em processos que já estavam em curso.

Nesse ínterim, foi editada a Medida Provisória n. 808/2017, com vigência a partir de 14.11.2017, responsável pela alteração de artigos da CLT.

De acordo com a exposição de motivos apresentada pelo Ministério do Trabalho e Emprego, a Medida Provisória n. 808/2017 tem por objetivo o "aprimoramento de dispositivos pontuais, relacionados a aspectos discutidos durante a tramitação do PLC n. 38, de 2017, no Senado Federal. Se, por um lado, tais aspectos refletem o profundo processo de diálogo e análise realizado pelo Senado Federal, por outro, esta Casa Legislativa observou a desnecessidade de alteração do projeto no momento de sua tramitação, o que implicaria atrasos desnecessários à eficácia deste importante diploma legal. É neste sentido que, como consequência da atuação do Senado Federal, e sem maiores atrasos, aguardamos a entrada em eficácia da Lei n. 13.467, de 2017 em da data de 11 de novembro de 2017"[1].

Logo, a justificativa da súbita alteração legislativa foi a de se evitar o retardamento do processo legislativo no Parlamento, de acordo com a exposição de motivos apresentada pelo Poder Executivo.

As principais alterações serão analisadas individualmente, mas se referem aos seguintes temas: a) jornada 12 X 36; b) bens inerentes à pessoa física; c) dano

---

(1) Disponível em: <http://www.planalto.gov.br/ccivil_03/_Ato2015-2018/2017/Exm/Exm-MP-808-17.pdf>. Acesso em 18.11.2017.

extrapatrimonial; d) trabalho de gestantes e lactantes em ambiente insalubre; e) trabalhador autônomo e cláusula de exclusividade; f) contrato de trabalho intermitente; g) verbas remuneratórias; h) comissão de representantes de empregador e salvaguardas sindicais; i) garantia da participação dos sindicatos nas convenções coletivas; e j) contribuições previdenciárias.

Além disso, a Medida Provisória n. 808/2017 prevê em seu art. 2º que "o disposto na Lei n. 13.467, de 13 de julho de 2017, se aplica, na integralidade, aos contratos de trabalho vigentes".

Todas essas questões que propõem uma modernização da legislação trabalhista serão analisadas e apresentadas ao leitor.

1

REFORMA TRABALHISTA NO MUNDO

A alteração da legislação trabalhista não é uma novidade brasileira na medida em que muitos países precisaram passar por mudanças na relação entre empregador e empregado.

Toda e qualquer mudança provoca reações imediatas e muitas especulações são feitas com previsões catastróficas. Contudo, a reação adversa faz parte da condição humana.

De acordo com o jornal Valor Econômico[2] que circulou em 5 de maio de 2017, em **Portugal** a mudança na legislação facilitou as demissões, aumentando o rol de motivos para a dispensa, além de reduzir o valor das multas por ocasião da rescisão contratual. O acesso ao seguro-desemprego também foi facilitado (subsídio desemprego), porém, com redução do valor do benefício. A duração do prazo dos contratos temporários foi dilatada.

Na **Espanha** a situação não foi diferente, pois também houve um aumento do rol de motivos para a dispensa, contemplando as situações de dificuldade econômica. Foi criada uma bonificação para a contratação de jovens e trabalhadores desempregados há mais de um ano. As empresas de trabalho temporário tiveram permissão para atuar em conjunto com as agências públicas

---

(2) *Valor Econômico*, Caderno A3, 5 de maio de 2017.

de emprego. Extinguiu-se a ultratividade indefinida, com a fixação do prazo de dois anos para a negociação de novo acordo coletivo.

Em 2012, foi implementada a alteração da legislação trabalhista no **México**. Houve a regulamentação da terceirização, do trabalho temporário e do trabalho por hora. Criou-se a possibilidade de demissão dos trabalhadores que não atingissem rendimento mínimo e proibiram-se práticas discriminatórias às mulheres, como pedido de apresentação de atestado de não gravidez para contratação.

A duração semanal do trabalho foi ampliada para 35 horas na **França**, com pagamento de compensação mínima. Foi fixado limite para pagamento de indenizações, bem como o direito à "desconexão", que implica na possibilidade, desde que acordado, de o empregado ignorar correios eletrônicos e telefonemas da empresa quando estiver de folga.

Por fim, na **Itália** houve a facilitação das demissões, com a alteração do art. 18 do Código do Trabalho, que obrigava empresas com mais de 15 empregados a readmitir funcionário que tivesse a demissão considerada abusiva pela Justiça. Houve concessão de 3 anos da contribuição previdenciária devida pelas empresas para as contratações por tempo indeterminado feitas até o fim do ano de 2015.

Portanto, o momento é de mudanças e adaptações, o que já foi experimentado em outros países, inclusive naqueles mais desenvolvidos.

2

REFORMA TRABALHISTA E OS SEUS IMPACTOS

Muitos foram os dispositivos da Consolidação das Leis do Trabalho alterados pela Lei n. 13.467/2017, que serão a seguir destacados.

2.1. Grupo econômico

O art. 2º da CLT define o conceito de empregador, tendo sido mantidos o *caput* e o § 1º do artigo. As mudanças dizem respeito à caracterização do grupo econômico, com a alteração do § 2º e inclusão do § 3º:

> § 2º Sempre que uma ou mais empresas, tendo, embora, cada uma delas, personalidade jurídica própria, estiverem sob a direção, controle ou administração de outra, <u>ou ainda quando, mesmo guardando cada uma sua autonomia, integrem grupo econômico, serão responsáveis solidariamente pelas obrigações decorrentes da relação de emprego</u>.

> § 3º Não caracteriza grupo econômico a mera identidade de sócios, sendo necessárias, para a configuração do grupo, a demonstração do interesse integrado, a efetiva comunhão de interesses e a atuação conjunta das empresas dele integrantes.

Interessante notar que antes mesmo da entrada em vigor da nova lei o TST já sinalizava uma alteração na jurisprudência, conforme se extrai do julgamento do E-ED-RR-92-21.2014.5.02.0029, julgado em 5.10.2017, onde restou decidido que viola o princípio da legalidade (art. 5º, II, da CF), por impor obrigação não prevista no art. 2º, § 2º, da CLT, decisão que, na fase de execução de sentença, reconhece a configuração de grupo econômico e atribui responsabilidade solidária a empresa distinta daquela com a qual se estabeleceu o vínculo de emprego, com fundamento estritamente na existência de sócios comuns, sem a demonstração de relação hierárquica de uma empresa sobre a outra.

Foi com base nesse entendimento que a SBDI-I conheceu dos embargos por divergência jurisprudencial e, no mérito, por maioria, negou-lhes provimento, mantendo, portanto, o acórdão da Turma que, após reconhecer afronta à norma do art. 5º, II, da CF, afastou a responsabilidade solidária imputada a Amadeus Brasil Ltda. Pela decisão do Regional que reconhecera a formação de grupo econômico com a Massa Falida de Rio Sul Linhas Aéreas S.A., executada, com fundamento estritamente na existência de sócios em comum.

No julgamento, restaram vencidos os Ministros Aloysio Corrêa da Veiga, relator, Augusto César de Carvalho, José Roberto Freire Pimenta e Cláudio Mascarenhas Brandão, que entendiam que eventual ofensa ao princípio da legalidade somente se daria de forma reflexa ou indireta, em total desconformidade com o art. 896, § 2º, da CLT e a Súmula n. 266 do TST.

2.2. Tempo à disposição do empregador

O art. 4º da CLT trata do tempo à disposição do empregador. Foram alterados os seguintes dispositivos:

> § 1º Computar-se-ão, na contagem de tempo de serviço, para efeito de indenização e estabilidade, os períodos em que o empregado estiver afastado do trabalho prestando serviço militar e por motivo de acidente do trabalho.
>
> § 2º Por não se considerar tempo à disposição do empregador, não será computado como período extraordinário o que exceder a jornada normal, ainda que ultrapasse o limite de cinco minutos previsto no § 1º do art. 58 desta Consolidação, quando o empregado, por escolha própria, buscar proteção pessoal, em caso de insegurança nas vias públicas ou más condições climáticas, bem como adentrar ou permanecer nas dependências da empresa para exercer atividades particulares, entre outras:

I — práticas religiosas;

II — descanso;

III — lazer;

IV — estudo;

V — alimentação;

VI — atividades de relacionamento social;

VII — higiene pessoal;

VIII — troca de roupa ou uniforme, quando não houver obrigatoriedade de realizar a troca na empresa.

2.3. Fontes de direito do trabalho

Inserção dos parágrafos no art. 8º.

§ 1º O direito comum será fonte subsidiária do direito do trabalho.

§ 2º Súmulas e outros enunciados de jurisprudência editados pelo Tribunal Superior do Trabalho e pelos Tribunais Regionais do Trabalho não poderão restringir direitos legalmente previstos nem criar obrigações que não estejam previstas em lei.

Há exemplos de Súmulas que criaram direitos, como por exemplo, a garantia da ultratividade das normas coletivas (Súmula n. 277/TST).

§ 3º No exame de convenção coletiva ou acordo coletivo de trabalho, a Justiça do Trabalho analisará exclusivamente a conformidade dos elementos essenciais do negócio jurídico, respeitado o disposto no art. 104 da Lei n. 10.406, de 10 de janeiro de 2002 (Código Civil), e balizará sua atuação pelo princípio da intervenção mínima na autonomia da vontade coletiva.

A autonomia da vontade coletiva passa a ser prestigiada, considerando que no modelo anterior, não raras as vezes, apenas parte das normas coletivas era anulada, mantendo-se aquelas favoráveis aos empregados, sem qualquer compensação.

2.4. Responsabilidade do sócio retirante

Art. 10-A. O sócio retirante responde subsidiariamente pelas obrigações trabalhistas da sociedade relativas ao período em que figurou como sócio, somente em ações ajuizadas **até dois anos depois de averbada a modificação do contrato**, observada a seguinte ordem de preferência:

I — a empresa devedora;

II — os sócios atuais; e

III — os sócios retirantes.

Parágrafo único. O sócio retirante responderá solidariamente com os demais quando ficar comprovada fraude na alteração societária decorrente da modificação do contrato.

Atualmente não há qualquer ordem de preferência e todos passam a compor o polo passivo quando a empresa executada não efetua o pagamento do débito.

Outra questão que comporta frequente discussão é a medida a ser utilizada pelo ex-sócio para se defender.

Há farta jurisprudência que considera que o ex-sócio, na medida em que é incluído no polo passivo da demanda mediante despacho do magistrado, deve se utilizar dos embargos à execução.

Data venia, daqueles que defendem o posicionamento acima, ouso dizer que a medida cabível, nessas situações, são os Embargos de Terceiro.

Já tive a oportunidade de me manifestar no sentido de que uma das maiores preocupações da Justiça do Trabalho é a adoção de meios que possibilitem dar o efetivo cumprimento das sentenças condenatórias.

A execução é a fase mais tormentosa do processo, pois, muitas vezes, a empresa executada deixou de existir e seus sócios, quando localizados, não possuem bens suficientes para garantir o cumprimento da decisão.

Cada vez mais é utilizado o instituto da desconsideração da personalidade jurídica (*Disregard of Legal Entity*) pelo juiz, acarretando de imediato a inclusão de sócios e de ex-sócios no polo passivo da demanda trabalhista.

Nesse caso, qual seria a medida a ser proposta pelo ex-sócio que, de repente, passou a figurar como réu em processo trabalhista?

A resposta imediata seria o ajuizamento de Embargos de Terceiro.

Todavia, determinados Tribunais Regionais do Trabalho têm adotado entendimento no qual, a partir do momento em que o ex-sócio é incluído na lide por decisão judicial, o seu meio de defesa seria a oposição de Embargos à Execução.

Contudo, na medida em que o ex-sócio vai contestar essencialmente a ausência de sua legitimidade para figurar no polo passivo da demanda, o ajuizamento de Embargos à Execução já insinuaria uma anuência com a determinação judicial, razão pela qual entendemos que, nestas hipóteses, os Embargos de Terceiro são a medida processual adequada de que o ex-sócio dispõe como meio de defesa.

Na obra *Processo de Execução*[3], Liebman, com propriedade, define que o sujeito passivo da execução é o vencido, contra quem a condenação foi proferida e segundo o jurista, "Os terceiros que virem seus bens injustamente apreendidos por um dos títulos aqui enumerados poderão defender-se com embargos de terceiro".

Ao comentar o Código de Processo Civil de 1973, Theotônio Negrão, asseverava que "Quem não foi parte, embora devesse ter essa qualidade, pode opor embargos de terceiro (v., p. ex., art. 487, nota 1b); nesse sentido: RJTJESP 99/349, RF 292/378..."[4].

Segundo o art. 1.046 do CPC, poderá opor embargos de terceiro aquele que, não sendo parte no processo, sofrer turbação ou esbulho na posse de seus bens por ato de apreensão judicial, em casos como o de penhora, depósito, arresto, sequestro, alienação judicial, arrecadação, arrolamento, inventário, partilha.

Portanto, a decisão que não reconhece a possibilidade de ajuizamento de Embargos de Terceiro por ex-sócio que foi incluído no processo na fase de execução viola o art. 5º, LIV, da Constituição Federal, conforme entendimento do TST, que já se pronunciou sobre o tema e determinou a remessa dos autos à origem para a apreciação do mérito da questão, cuja ementa, de ilustre lavra, merece ser destacada. *Verbis*:

> A) AGRAVO DE INSTRUMENTO EM RECURSO DE REVISTA. EXECUÇÃO. SÓCIOS DA EXECUTADA. LEGITIMIDADE PARA PROPOR EMBARGOS DE TERCEIRO. Dá-se provimento ao agravo de instrumento, em face da aparente ofensa ao art. 5º, LIV, da Constituição Federal. B) RECURSO DE REVISTA.
>
> (...)
>
> 3. SÓCIO DA EXECUTADA. LEGITIMIDADE PARA PROPOR EMBARGOS DE TERCEIRO. Em observância ao preceito inserto no

---

(3) LIEBMAN, Enrico. *Processo de execução*. São Paulo: Saraiva, 1980. p. 151.
(4) NEGRÃO, Theotonio. *Código de processo civil e legislação processual em vigor*. 39. ed. São Paulo: Saraiva, 2007. p. 1.055.

art. 5º, LIV, da Constituição, segundo o qual ninguém será privado da liberdade ou de seus bens sem o devido processo legal, deve-se reconhecer a legitimidade ativa dos sócios da empresa executada para opor embargos de terceiro. Recurso de revista conhecido e provido.

(TST — 8ª Turma — Rel. Min. Dora Maria da Costa — RR-776-35.2010.5.10.0005, recorrente Carlos Ivanir Reis Pereira e recorridos UNIWAY — Cooperativa de Profissionais Liberais Ltda. e Antônio Silva de Jesus)

O referido acórdão foi publicado em 22.6.2012 e espelha o entendimento da mais alta Corte Trabalhista do país.

2.5. Prescrição e prescrição intercorrente

Mantém-se a regra do art. 11 da CLT, que diz que "a pretensão quanto a créditos resultantes das relações de trabalho prescreve em cinco anos para os trabalhadores urbanos e rurais, até o limite de dois anos após a extinção do contrato de trabalho".

Contudo, foi incorporada no texto legal a previsão contida na Súmula n. 294/TST, sendo que o § 2º passará a dispor que:

> § 2º Tratando-se de pretensão que envolva pedido de prestações sucessivas decorrente de alteração ou descumprimento do pactuado, a prescrição é total, exceto quando o direito à parcela esteja também assegurado por preceito de lei.

O § 3º trata da hipótese de interrupção da prescrição:

> § 3º A interrupção da prescrição somente ocorrerá pelo ajuizamento de reclamação trabalhista, mesmo que em juízo incompetente, ainda que venha a ser extinta sem resolução do mérito, produzindo efeitos apenas em relação aos pedidos idênticos.

A Jurisprudência trabalhista não admitia prescrição intercorrente na Justiça do Trabalho. Contudo, a nova lei passa a dispor que:

> Art. 11-A. Ocorre a prescrição intercorrente no processo do trabalho no prazo de dois anos.
>
> § 1º A fluência do prazo prescricional intercorrente inicia-se quando o exequente deixa de cumprir determinação judicial no curso da execução.
>
> § 2º A declaração da prescrição intercorrente pode ser requerida ou declarada de ofício em qualquer grau de jurisdição.

Atualmente, algumas regras que tratam da prescrição estão disciplinadas nas Súmulas ns. 294, 326 e 327 do TST e nas Orientações Jurisprudenciais n. 175 do TST. Além disso, passa a ser reconhecida a prescrição intercorrente no processo do trabalho, no prazo de dois anos, devendo ser ressaltado que essa previsão já era reconhecida pelo Supremo Tribunal Federal desde 13.12.1963, data da edição da Súmula n. 327 daquela Corte (devendo ser ressaltado que o primeiro precedente data de 1951, de autoria do Ministro Luiz Gallotti, que afirmou nos autos do AI n. 14.744-DF, que a invocação do princípio protetório do Direito do Trabalho para afastar a prescrição intercorrente era digno de apreciação, mas que não estava assegurado em preceito de lei).

No ano de 2009, escrevi breve artigo[5] no qual pretendi abordar a prescrição da execução trabalhista, nada obstante a redação da Súmula n. 114/TST e a posição predominante da jurisprudência.

Um dos objetivos, portanto, era trazer à tona os efeitos provocados pela inércia do reclamante em promover a execução do título exequendo, mesmo sendo a execução uma fase contínua do processo de conhecimento, e não mais um processo autônomo naquele modelo pregado por Liebman, por força da Lei n. 11.232/2005.

A arguição de prescrição da execução (também denominada de prescrição intercorrente) não é uma inovação, eis que a própria CLT prevê a alegação de prescrição na fase de execução. É o que dispõe o § 1º do art. 884 daquele diploma, *verbis*:

> **Art. 884.** [...]
>
> [...]
>
> § 1º A matéria de defesa será restrita às alegações de cumprimento da decisão ou do acordo, quitação ou prescrição da dívida.

Com efeito, a prescrição de que trata este dispositivo legal não é aquela prevista no art. 7º, XXIX, da CRFB — esta é de ser arguida em instância ordinária —, mas a prescrição intercorrente.

Na fase de execução, caso o processo fique parado por mais de dois anos, por causa da inércia do reclamante e sem que haja qualquer justificativa razoável para tal, esta matéria pode ser ventilada quando da oposição de embargos à execução.

---

(5) VEIGA, Mauricio de Figueiredo Corrêa da. Hipóteses de cabimento da prescrição intercorrente na Justiça do Trabalho. *Revista LTr: Legislação do Trabalho*, São Paulo, v. 71, n. 7, p. 807, jul. 2007.

As ações imprescritíveis devem ser repudiadas, pois perpetuam uma situação e geram instabilidade jurídica (salvo aquelas em que se discute grave violência a Direitos Humanos, como a tortura, por exemplo, que neste caso faz-se necessária e prudente a imprescritibilidade do direito de ação sob pena de se repetir o ato criminoso).

Seguindo o ensinamento de Vicente Ráo, *"os direitos não existem para permanecer inertes, para viver abstratamente; existem, sim, para ser exercidos, em proveito do titular, de outrem ou da coletividade"*.

Com efeito, o art. 202 do Código Civil Brasileiro já consagrou a hipótese de ocorrência da prescrição no decorrer do processo, ou seja, depois de ajuizada a ação.

Por meio da Súmula n. 150, o Supremo Tribunal Federal afirma que *"prescreve a execução no mesmo prazo da prescrição da ação"*.

A Súmula n. 327 do STF, dispõe que o *"direito trabalhista admite a prescrição intercorrente"*, todavia, esta orientação não é seguida por juristas trabalhistas, tendo o Tribunal Superior do Trabalho adotado entendimento diametralmente oposto ao editar a Súmula n. 114, que caminha na contramão do posicionamento do Pretório Excelso: " *É inaplicável na Justiça do Trabalho a prescrição intercorrente"*.

O argumento mais robusto para a manutenção da Súmula da mais alta Corte Trabalhista é o fato de que a execução pode ser impulsionada por qualquer interessado, inclusive de ofício, pelo juiz. Nada obstante os respeitáveis entendimentos neste sentido, insta salientar que a previsão contida no art. 878 da CLT é uma faculdade e não um dever do magistrado.

Outrossim, a Súmula n. 114 do TST não pode ser aplicada indistintamente, devendo cada caso específico ser analisado individualmente. Isto porque a mencionada Súmula foi editada com base nas orientações da Lei de Executivos Fiscais — de aplicação subsidiária na fase de execução no Processo no Trabalho. Preceitua o art. 40 da Lei n. 6.830/80 que *"o juiz suspenderá o curso da execução, enquanto não for localizado o devedor ou encontrados bens sobre os quais possa recair a penhora e, nesses casos, não correrá o prazo de prescrição"*. Aduz, ainda, o § 3º do mesmo dispositivo que caso a qualquer tempo forem encontrados bens ou o devedor, a execução seguirá seu curso novamente.

Segundo o entendimento do Magistrado Sergio Pinto Martins[6], dispensável falar em aplicação da Lei n. 6.830/80, uma vez que a própria CLT dispõe que a prescrição é matéria a ser alegada em sede de embargos:

---

(6) MARTINS, Sergio Pinto. *Direito do trabalho*. 16. ed. São Paulo: Atlas, 2001. p. 615.

> *A prescrição de que fala o § 1º do art. 884 da CLT só pode ser, porém, a prescrição intercorrente, quando a parte vai alegá-la nos embargos. Assim, se a própria CLT regula a matéria, não há como se aplicar a Lei n. 6.830/80.*
>
> *Verbis* (grifos nossos).

Todavia, deve restar claro que a prescrição intercorrente pode ser arguida quando o credor/exequente, por inércia, deixa de executar o título que lhe é favorável, sem promover os atos necessários para a conservação do direito.

Cumpre frisar que na medida em que o *ius postulandi* infelizmente ainda vigora na Justiça do Trabalho, quando o reclamante estiver desassistido de advogado, não deverá ser declarada a prescrição da execução, pois, sem um mandatário dificilmente o autor da ação disporá de todos os meios necessários e suficientes para impulsionar a execução.

O Professor Rodrigues Pinto apresenta duas razões para justificar o seu posicionamento e é expresso em afirmar que "*Não obstante o peso dessas justificativas e circunstâncias, preferimos ficar com os vencidos pelo Enunciado n. 114, seja porque o exercício do* jus postulandi *é, por sua vez, facultativo, incapaz, portanto, de autorizar quem é parte em juízo a perpetuar o andamento da lide, muitas vezes com propósitos subalternos, seja porque o impulso processual pelo juiz, além de não lhe ser exigido como dever, nem sempre pode dar-se, como lembra Wagner Giglio, até mesmo na cognição, exemplificando com a reintegração condicionada à devolução de indenização, e tanto mais na execução, como se dá com a liquidação por artigos*".

Apesar do teor contido na Súmula n. 114 do TST, a matéria está longe de ser pacificada.

Até a vigência da Lei n. 11.232/2005, a prescrição da execução poderia ser arguida nos casos mencionados no capítulo anterior, sendo que sua apreciação não encontrava óbice na Súmula n. 114, uma vez que o referido verbete de jurisprudência se refere a impossibilidade de ocorrência da prescrição intercorrente no Processo do Trabalho, enquanto que a prescrição da execução, em determinados casos, era possível e se distinguia da prescrição intercorrente em virtude do caráter autônomo do processo de execução.

Ocorre que a Lei n. 11.232/2005 incluiu o art. 475-I no Código de Processo Civil que, segundo Alexandre Câmara, dispensa o processo executivo autônomo nas sentenças condenatórias em obrigação de fazer, na medida em que remete ao cumprimento da sentença na forma dos arts. 461 e 461-A daquele Código.

Previsão similar àquela contida no art. 884, § 1º, está no inciso VI do art. 475-L do Código de Processo Civil, no qual prevê que a sentença de liquidação poderá se impugnada quando ocorrer qualquer causa impeditiva, modificativa ou extintiva da obrigação, como pagamento, novação, compensação, transação ou <u>prescrição</u>, desde que superveniente à sentença.

Portanto, a prescrição da execução anteriormente defendida parece não ser mais possível. Todavia, a arguição da prescrição intercorrente[7] deve ser (como vem ocorrendo) considerada pela jurisprudência trabalhista.

A jurisprudência:

> PRESCRIÇÃO EXECUTÓRIA — PROCESSO PARALISADO — LAPSO SUPERIOR A DOIS ANOS — INÉRCIA DO EXEQUENTE — CONFIGURAÇÃO.
>
> A prescrição da pretensão executória se consuma quando o exequente, por sua exclusiva inércia, deixa o processo paralisado por mais de 2 anos.
>
> VOTO
>
> (...)
>
> PRESCRIÇÃO
>
> Assevera a reclamada que sobre a execução em curso incide a prescrição intercorrente, em decorrência da paralisação do processo por mais de 05 anos, por inércia do demandante. Nesse tópico, a confusão parte da agravante, por não distinguir prescrição intercorrente e executória. Enquanto a primeira é conceituada por Isis de Almeida[8] como "aquela que vai fulminar a execução durante a sua tramitação", a prescrição executória impede que a fase de execução seja instaurada quando, por culpa exclusiva do exequente, o processo ficar sem andamento por mais de 2 anos. É o caso dos autos. Não obstante a errônea nomenclatura ofertada pela agravante, não se pode albergar a atitude do reclamante, pretendendo iniciar a execução da sentença transitada em julgado em 16 de setembro de 1993 (fl. 73 verso) quando decorridos mais de cinco anos do último despacho proferido nos autos, em 28.9.1993 (fl. 74 verso). Inevitavelmente houve consumação da prescrição da pretensão executória. Nesse sentido encontram-se sedimentadas decisões em âmbito nacional, inclusive nesta Corte Trabalhista. Exemplificando: AGRAVO DE PETIÇÃO — PRESCRIÇÃO DA PRETENSÃO EXECUTÓRIA — Cabível, na Justiça obreira, a incidência da prescrição da pretensão executória, quando da absoluta inércia da parte no biênio legal, cujo termo a quo

---
(7) Na lição de Arnor Serafim Jr., nesta hipótese o mais correto seria a utilização do vocábulo prescrição intracorrente. *A prescrição na execução trabalhista*. 1. ed. São Paulo: LTr, 2006. p. 87.
(8) ALMEIDA, Isis de. *Manual de direito processual do trabalho*. 9. ed. São Paulo: LTr, 1998. v. 2, p. 441.

encontra-se no trânsito em julgado da decisão liquidanda. (TRT 20ª R. — AP 1200/99 — J.C.J. de Propriá — Rel. Juiz Eduardo Prado de Oliveira — J. 9.8.1999) Restando provado que a instauração da execução ocorreu em 29.3.1999, por meio de apresentação de Cálculos, fls. 82/84, não há dúvidas de que se configurou a prescrição da pretensão. Diante desse fato, declaro prescrição a pretensão executória, via de consequência, extingo o processo com julgamento do mérito, com fulcro no inciso IV do art. 269 do CPC. Rejeito a preliminar de inépcia da petição suscitada em contrarrazões e declaro prescrita a pretensão executória do reclamante, via de consequência, extingo o agravo de petição interposto, com julgamento do mérito, com fulcro no inciso IV do art. 269 do CPC.

DECISÃO

Acordam os Exmos. Srs. Juízes do Egrégio Tribunal Regional do Trabalho da 20ª Região, por unanimidade, rejeitar a preliminar de inépcia da petição suscitada em contrarrazões e dar provimento ao agravo para considerar prescrita a pretensão executória do reclamante, extinguindo o processo com julgamento do mérito, com fulcro no inciso IV do art. 269 do CPC.

(TRT-20ª Região — Processo n. 04.01-0295/92 — Decisão: 29.2.2000. tipo: AP n. 2137/99 — Turma: Tribunal Pleno — Diário de Justiça do Estado de Sergipe. Data: 5.4.2000 — Relator Juiz Antônio Carlos Pacheco de Almeida)

PRESCRIÇÃO INTERCORRENTE.

É certo que a doutrina e a jurisprudência admitem, em situações especiais, a declaração da prescrição intercorrente no direito do trabalho. **Entretanto, tais situações somente se configuram quando o processo permanece paralisado por culpa exclusiva do exequente e não poderia ter sido impulsionado *ex officio* pelo juízo**. Em se tratando de paralisação decorrente da ausência da apresentação, pelo devedor, de documentos para viabilizar a liquidação, não se considera cabível a declaração da prescrição intercorrente, eis que o procedimento poderia ter sido movimentado pelo juízo da execução. Decisão: Por unanimidade, conhecer do agravo de petição e, no mérito, dar-lhe parcial provimento.

(TRT 18ª REGIÃO — AP 1.466/2001 — DJE-GO 19.4.2002 — p. 89 — Relator: Juiz Geraldo Rodrigues do Nascimento)

PRESCRIÇÃO INTERCORRENTE — APLICAÇÃO NO PROCESSO DO TRABALHO — SÚMULA N. 327 DO STF E ENUNCIADO N. 114 DO TST

Estando a parte devidamente representada por advogado e não praticando os atos que lhe competem para o prosseguimento da execução, deixando o processo paralisado por mais de dois anos, extingue-se a execução face à prescrição intercorrente, consoante entendimento consubstanciado na Súmula n. 327 do C. STF, vez que não se trata de hipótese de *jus postulandi*, fundamento gerador da edição do Enunciado n. 114 do E. TST.

(TRT — 3ª Região — AP 4862/99 — Relatora: Juíza Maria José C. B. de Oliveira — DJMG de 24.5.2000)

PRESCRIÇÃO INTERCORRENTE — PARALISAÇÃO DO PROCESSO POR MAIS DE DOIS ANOS — EXECUÇÃO — OCORRÊNCIA

Prescrição intercorrente — Quando a parte autora dá causa a paralisação do processo por mais de dois anos, opera-se a chamada prescrição intercorrente, já que na Justiça do Trabalho prescreve a execução no mesmo prazo da ação.

(TRT da 7ª Região — Ac. n. 1499/00 — Relator: Jacintho Moreira Salles — maioria — julg. em 3.4.2000 — TRT n. 6.829/99 — Publicado DOJT/CE de 28.4.2000)

DA PRESCRIÇÃO DA EXECUÇÃO. ENUNCIADO N. 114. SÚMULAS NS. 150 E 327 DO STF

Existe uma diferença estrutural entre o processo comum e o trabalhista. Enquanto no processo comum a liquidação de sentença e a execução — excepcionado o caso de simples cálculo aritmético (art. 604) — têm natureza jurídica de verdadeira ação, no processo do trabalho, tem natureza jurídica de simples decisão interlocutória mista. Lá a decisão proferida (art. 162) tem a dignidade de verdadeira sentença a desafiar inclusive a ação rescisória, aqui é apenas mera decisão interlocutória que poderá ser desfeita por ação anulatória. Daí não admitir a prescrição intercorrente na execução. Todavia, a prescrição poderá ocorrer na fase de acertamentos quando, decorridos cinco anos, a executada não for citada. É que proposta a ação antes de dois anos adquire a parte o direito de discutir matéria dos últimos cinco anos (art. 7º, XXIX, "a", CF). Também a prescrição, a partir daí, será de cinco anos. Nesse sentido direciona o art. 40 da Lei n. 6.830/80 (art. 889, CLT).

(TRT da 2ª Região — Ac. n. 02990069768 — Relator: Francisco Antônio de Oliveira; 5ª Turma — Processo n. 02980524691/98, Publicado no DO 19.3.1999)

AÇÃO DE EXECUÇÃO TRABALHISTA. PRESCRIÇÃO. PRAZO

1. A prescrição da ação de execução trabalhista, que não se confunde com prescrição intercorrente, está escrita no § 1º do art. 884 da CLT. Oportunamente arguida, cabe ao julgador aplicá-la, observando o prazo legalmente previsto. 2. O prazo estatuído no inc. XXIX do art. 7º da CF aplica-se à ação de conhecimento. A prescrição da ação de execução trabalhista não tem regência constitucional, segunda a ótica do STF (STF, AG-140.108-7-SP, Rel. Min. Marco Aurélio. DJ 7.8.1992, p. 11.783). 3. Por exclusão, incide sobre a ação de execução trabalhista o disposto no art. 11 da CLT, sobrevivente à Carta Política de 1988, para esta finalidade. Bienal, portanto, o prazo de prescrição que alcança o direito de ação de execução trabalhista. 4. Agravo de petição ao qual se dá provimento, para julgar extinto o processo de execução, porque nuclearmente prescrito o direito de ação.

(TRT da 2ª Região — Ac. n. 029880498100 — Relatora: Vilma Capato; 10ª Turma. Processo n. 02980100336, Publicado no DO 2.10.1998)

PRESCRIÇÃO INTERCORRENTE.

Aplica-se no processo do trabalho. Não fosse assim, inexistiria o texto da CLT, art. 884, § 1º: "A matéria de defesa será restrita às alegações de [...] prescrição da dívida". Esta só pode ser a prescrição intercorrente, pois a do processo de cognição já está preclusa; nessa fase. Assim, também o STF, Súmula n. 327.

(TRT da 2ª Região — Ac. n. 02980198670 — Relator: Valentin Carrion; 9ª Turma. Processo n. 02970374654, Publicado no DO 28.4.1998)

PRESCRIÇÃO DA AÇÃO DE EXECUÇÃO TRABALHISTA:

A prescrição da ação de execução trabalhista, que não se confunde com prescrição intercorrente, está prevista no § 1º do art. 884 da CLT. Por não haver regência constitucional para o caso, aplica-se-lhe o disposto no art. 11 da CLT, sobrevivente à CF/88, sendo bienal, portanto, o prazo de prescrição.

(TRT da 2ª Região — Ac. n. 20020756024 — Relator: Vilma Capato; 4ª Turma. Processo n. 36827200290202007, Publicado no DO 29.11.2002)

PRESCRIÇÃO INTERCORRENTE — APLICABILIDADE

Competindo à parte o dever legal de praticar determinado ato para dar andamento à execução, e quedando-se esta inerte, a ponto de permanecer a execução paralisada por mais de dois anos, apesar de cientificada e advertida de cumprir o ato em prazo determinado, de se aplicar a prescrição intercorrente (Súmula n. 327, STF), extinguindo-se a execução, na forma do art. 794 do CPC, c/c art. 884, § 1º, da CLT. Nada obstante, a existência do Enunciado n. 114, que sustente ser inaplicável na Justiça do Trabalho a prescrição intercorrente, trata-se de jurisprudência sem efeito vinculante e que deve ceder passo ao entendimento do STF.

(TRT da 15ª Região — Relator: Nildemar da Silva Ramos. Processo: AP — 20694/2002, Publicado no DO 14.11.2002)

PRESCRIÇÃO INTERCORRENTE. INAPLICABILIDADE DO ENUNCIADO N. 114 DO C. TST. CABIMENTO.

Nada obstante os termos do Enunciado n. 114 do C. TST, é perfeitamente aplicável a prescrição intercorrente na Justiça do Trabalho, posto que ausente a força vinculante da súmula. Ademais, o próprio Estatuto Obreiro prevê a ocorrência desse instituto, na medida em que o inclui nas matérias previamente delimitadas para arguição nos Embargos à Execução (§ 1º do art. 884). Entretanto, imprescindível que a inércia seja do autor, e que o ato que devesse ser praticado fosse de sua exclusiva responsabilidade.

(TRT da 15ª Região — Relator: Luis Carlos Cândido Martins Sotero da Silva. Processo: AP 1496-1983-001-15-00-0, Publicado no DO 17.10.2002)

AGRAVO DE PETIÇÃO — PRESCRIÇÃO DA EXECUÇÃO.

Não se confundem prescrição da execução e prescrição intercorrente. Esta se daria depois de instaurada a execução e não tem sido acolhida pela jurisprudência. Aquela decorre da inércia do Exequente que, após o trânsito em julgado da sentença, não se interessa em dar início ao processo de execução (Súmula n. 150 do C. STF). Recurso provido para julgar extinta a execução.

(TRT da 15ª Região — Relator: Iara Alves Cordeiro Pacheco. Processo: AP 1370-1988-016-15-00-9, Publicado no DO 1º.12.1999)

PRESCRIÇÃO INTERCORRENTE — APLICAÇÃO NA JUSTIÇA DO TRABALHO

Em situações especialíssimas, em que se avulta o manifesto desinteresse do exequente na execução, permanecendo inerte por quase quinze anos, a despeito de regularmente intimado a oferecer elementos para prossegui-la, aplica-se ao processo do trabalho a prescrição intercorrente.

(TRT 3ª Reg. AP 00078-1989-057-03-00 — (Ac. 6ª T.) — Rel. Juiz Ricardo Antônio Mohallem. DJMG 5.2.2004, p. 11)[9]

Desta forma, tendo em vista a copiosa jurisprudência de que a prescrição pode ser acatada na fase de execução, é forçoso se concluir que a matéria está longe de ser pacificada, uma vez que há inúmeras divergências entre a máxima Corte trabalhista do país e o Supremo Tribunal Federal.

Logo, pode-se concluir que a injustificável inércia do reclamante para promover os atos necessários para o impulso da execução deve ser compelida pelo Poder Judiciário.

As próprias inovações tecnológicas provenientes do avanço da informática contribuem para que a parte utilize de todos os meios necessários para célere tramitação processual.

A Jurisprudência dos Tribunais Regionais vem admitindo a decretação da prescrição na fase de execução, fato este que, até a edição da Lei n. 11.232/2005 não divergia do disposto na Súmula n. 114 do C. TST, pois aquela Corte não admite a prescrição intercorrente, porém é silente em relação à possibilidade de arguição da prescrição da execução.

Todavia, a partir do momento em que a execução não mais é um processo autônomo, a prescrição a ser arguida nesta fase processual é a intercorrente, razão pela qual nos parece prudente e necessário que o C. TST reveja o referido verbete de Jurisprudência, tendo em vista a oscilação das decisões que envolvem o tema.

Desta forma, configurada a hipótese de paralisação do processo por dois ou mais anos, por culpa exclusiva do reclamante, estando assistido por advogado, deverá ser declarada pelo juiz a prescrição da execução caso a parte contrária não o faça.

Cumpre observar que por se tratar de matéria de ordem pública a declaração da prescrição efetuada de ofício pelo Juiz é dever deste por força do que

---

(9) *Suplemento de Jurisprudência*, LTr, n. 12, p. 92, 2004.

prescreve o § 5º do art. 219 do Código de Processo Civil, em razão da alteração promovida pela Lei n. 11.280/2006.

Portanto, desde o início do século XXI já havia um movimento para se reconhecer a arguição de prescrição intercorrente, o que passa a ser possível por força de imperativo legal.

2.6. Normas gerais de tutela do trabalho

> Art. 47. O empregador que mantiver empregado não registrado nos termos do art. 41 desta Consolidação ficará sujeito a multa no valor de R$ 3.000,00 (três mil reais) por empregado não registrado, acrescido de igual valor em cada reincidência.
>
> § 1º Especificamente quanto à infração a que se refere o *caput* deste artigo, o valor final da multa aplicada será de R$ 800,00 (oitocentos reais) por empregado não registrado, quando se tratar de microempresa ou empresa de pequeno porte.
>
> § 2º A infração de que trata o *caput* deste artigo constitui exceção ao critério da dupla visita.
>
> Art. 47-A. Na hipótese de não serem informados os dados a que se refere o parágrafo único do art. 41 desta Consolidação, o empregador ficará sujeito à multa de R$ 600,00 (seiscentos reais) por empregado prejudicado.

2.7. Jornada de trabalho

O art. 58 da CLT trata da jornada de trabalho. O tempo de deslocamento deixa de ser considerado como tempo à disposição.

> § 2º O tempo despendido pelo empregado desde a sua residência até a efetiva ocupação do posto de trabalho e para o seu retorno, caminhando ou por qualquer meio de transporte, inclusive o fornecido pelo empregador, não será computado na jornada de trabalho, por não ser tempo à disposição do empregador.

O trabalho em regime de tempo parcial tem o limite aumentado de 25 para 30 horas semanais:

> Art. 58-A. Considera-se trabalho em regime de tempo parcial aquele cuja duração <u>não exceda a trinta horas semanais</u>, sem a possibilidade de horas suplementares semanais, ou, ainda, aquele cuja duração

não exceda a vinte e seis horas semanais, com a possibilidade de acréscimo de até seis horas suplementares semanais.

§ 3º As horas suplementares à duração do trabalho semanal normal serão pagas com o acréscimo de 50% (cinquenta por cento) sobre o salário-hora normal.

§ 4º Na hipótese de o contrato de trabalho em regime de tempo parcial ser estabelecido em número inferior a vinte e seis horas semanais, as horas suplementares a este quantitativo serão consideradas horas extras para fins do pagamento estipulado no § 3º, estando também limitadas a seis horas suplementares semanais.

§ 5º As horas suplementares da jornada de trabalho normal poderão ser compensadas diretamente até a semana imediatamente posterior à da sua execução, devendo ser feita a sua quitação na folha de pagamento do mês subsequente, caso não sejam compensadas.

§ 6º É facultado ao empregado contratado sob regime de tempo parcial converter um terço do período de férias a que tiver direito em abono pecuniário.

§ 7º As férias do regime de tempo parcial são regidas pelo disposto no art. 130 desta Consolidação.

Art. 59. A duração diária do trabalho poderá ser acrescida de horas extras, em número não excedente de duas, por acordo individual, convenção coletiva ou acordo coletivo de trabalho.

§ 1º A remuneração da hora extra será, pelo menos, 50% (cinquenta por cento) superior à da hora normal.

§ 3º Na hipótese de rescisão do contrato de trabalho sem que tenha havido a compensação integral da jornada extraordinária, na forma dos §§ 2º e 5º deste artigo, o trabalhador terá direito ao pagamento das horas extras não compensadas, calculadas sobre o valor da remuneração na data da rescisão.

§ 5º O banco de horas de que trata o § 2º deste artigo poderá ser pactuado por acordo individual escrito, desde que a compensação ocorra no período máximo de seis meses.

§ 6º É lícito o regime de compensação de jornada estabelecido por acordo individual, tácito ou escrito, para a compensação no mesmo mês.

Art. 59-A. Em exceção ao disposto no art. 59 e em leis específicas, é facultado às partes, por meio de convenção coletiva ou acordo coletivo de trabalho, estabelecer horário de trabalho de doze horas seguidas por trinta e seis horas ininterruptas de descanso, observados ou indenizados os intervalos para repouso e alimentação.

§ 1º A remuneração mensal pactuada pelo horário previsto no caput abrange os pagamentos devidos pelo descanso semanal remunerado e pelo descanso em feriados e serão considerados compensados os feriados e as prorrogações de trabalho noturno, quando houver, de que tratam o art. 70 e o § 5º do art. 73.

§ 2º É facultado às entidades atuantes no setor de saúde estabelecer, por meio de acordo individual escrito, convenção coletiva ou acordo coletivo de trabalho, horário de trabalho de doze horas seguidas por trinta e seis horas ininterruptas de descanso, observados ou indenizados os intervalos para repouso e alimentação.

Art. 59-A. Em exceção ao disposto no art. 59 desta Consolidação, é facultado às partes, mediante acordo individual escrito, convenção coletiva ou acordo coletivo de trabalho, estabelecer horário de trabalho de doze horas seguidas por trinta e seis horas ininterruptas de descanso, observados ou indenizados os intervalos para repouso e alimentação.

Parágrafo único. A remuneração mensal pactuada pelo horário previsto no *caput* deste artigo abrange os pagamentos devidos pelo descanso semanal remunerado e pelo descanso em feriados, e serão considerados compensados os feriados e as prorrogações de trabalho noturno, quando houver, de que tratam o art. 70 e o § 5º do art. 73 desta Consolidação.

Art. 59-B. O não atendimento das exigências legais para compensação de jornada, inclusive quando estabelecida mediante acordo tácito, não implica a repetição do pagamento das horas excedentes à jornada normal diária se não ultrapassada a duração máxima semanal, sendo devido apenas o respectivo adicional.

Parágrafo único. <u>A prestação de horas extras habituais não descaracteriza o acordo de compensação de jornada e o banco de horas.</u>

Importante ressaltar que o art. 59-A foi alterado pela MP n. 808/2017 que passou a exigir a convenção ou acordo coletivo para estabelecer a jornada de 12 X 36, com a exceção contida no parágrafo segundo do referido artigo que trata das entidades no setor de saúde, cuja jornada nessa modalidade é uma prática adotada a várias décadas e que poderá ser instituída mediante acordo individual.

O *caput* do art. 60 permanece inalterado, porém o parágrafo único passa a contar com a seguinte redação:

> Parágrafo único. Excetuam-se da exigência de licença prévia as jornadas de doze horas de trabalho por trinta e seis horas ininterruptas de descanso. (NR)

O § 1º do art. 61, prevê o seguinte:

> § 1º O excesso, nos casos deste artigo, pode ser exigido independentemente de convenção coletiva ou acordo coletivo de trabalho.

Na excludente do art. 62, passam a constar: **os empregados em regime de teletrabalho** (inciso III).

2.8. Períodos de descanso

O art. 71 trata do intervalo, sendo que o § 4º passa a contar com nova redação:

> § 4º A não concessão ou a concessão parcial do intervalo intrajornada mínimo, para repouso e alimentação, a empregados urbanos e rurais, implica o pagamento, de natureza indenizatória, **apenas do período suprimido**, com acréscimo de 50% (cinquenta por cento) sobre o valor da remuneração da hora normal de trabalho.

A Súmula n. 437/TST determinava o pagamento integral (hora cheia) do intervalo suprimido. Portanto, consagrava uma injustiça, pois se o empregador concedesse 50 minutos ou 10 minutos de intervalo, seria condenado no pagamento de 1 hora.

2.9. Teletrabalho

> Art. 75-B. Considera-se teletrabalho a prestação de serviços preponderantemente fora das dependências do empregador, com a utilização de tecnologias de informação e de comunicação que, por sua natureza, não se constituam como trabalho externo.
>
> Parágrafo único. O comparecimento às dependências do empregador para a realização de atividades específicas que exijam a presença do empregado no estabelecimento não descaracteriza o regime de teletrabalho.
>
> Art. 75-C. A prestação de serviços na modalidade de teletrabalho deverá constar expressamente do contrato individual de trabalho, que especificará as atividades que serão realizadas pelo empregado.

§ 1º Poderá ser realizada a alteração entre regime presencial e de teletrabalho desde que haja mútuo acordo entre as partes, registrado em aditivo contratual.

§ 2º Poderá ser realizada a alteração do regime de teletrabalho para o presencial por determinação do empregador, garantido prazo de transição mínimo de quinze dias, com correspondente registro em aditivo contratual.

Art. 75-D. As disposições relativas à responsabilidade pela aquisição, manutenção ou fornecimento dos equipamentos tecnológicos e da infraestrutura necessária e adequada à prestação do trabalho remoto, bem como ao reembolso de despesas arcadas pelo empregado, serão previstas em contrato escrito.

Parágrafo único. As utilidades mencionadas no *caput* deste artigo não integram a remuneração do empregado.

Art. 75-E. O empregador deverá instruir os empregados, de maneira expressa e ostensiva, quanto às precauções a tomar a fim de evitar doenças e acidentes de trabalho.

Parágrafo único. O empregado deverá assinar termo de responsabilidade comprometendo-se a seguir as instruções fornecidas pelo empregador.

2.10. Férias

O art. 134 da CLT trata das férias e a reforma trabalhista alterou o § 1º e inseriu o terceiro:

§ 1º Desde que haja concordância do empregado, as férias poderão ser usufruídas em até três períodos, sendo que um deles não poderá ser inferior a quatorze dias corridos e os demais não poderão ser inferiores a cinco dias corridos, cada um.

O § 2º foi revogado, razão pela qual não há mais qualquer distinção para trabalhadores com idade inferior a 18 e superior a 50 anos.

O fracionamento do período de férias muitas das vezes é solicitado pelo próprio empregado no intuito de poder compatibilizar os compromissos de sua vida profissional com as da vida pessoal. Antes da reforma legislativa, somente era possível o fracionamento em dois períodos, razão pela qual o aumento do período acaba sendo benéfico para o empregado.

2.11. Dano extrapatrimonial

Trata-se de novidade inserida pela nova lei que estabelece que apenas os dispositivos constantes neste título é que serão aplicados à reparação de danos de natureza extrapatrimonial decorrentes da relação de trabalho.

O art. 223-C foi alterado pela MP n. 808/2017, assim como foram alterados os §§ 1º e 3º do art. 223-G e inserido o § 4º.

> Art. 223-B. Causa dano de natureza extrapatrimonial a ação ou omissão que ofenda a esfera moral ou existencial da pessoa física ou jurídica, as quais são as titulares exclusivas do direito à reparação.
>
> Art. 223-C. A etnia, a idade, a nacionalidade, a honra, a imagem, a intimidade, a liberdade de ação, a autoestima, o gênero, a orientação sexual, a saúde, o lazer e a integridade física são os bens juridicamente tutelados inerentes à pessoa natural.
>
> Art. 223-D. A imagem, a marca, o nome, o segredo empresarial e o sigilo da correspondência são bens juridicamente tutelados inerentes à pessoa jurídica.
>
> Art. 223-E. São responsáveis pelo dano extrapatrimonial todos os que tenham colaborado para a ofensa ao bem jurídico tutelado, na proporção da ação ou da omissão.
>
> Art. 223-F. A reparação por danos extrapatrimoniais pode ser pedida cumulativamente com a indenização por danos materiais decorrentes do mesmo ato lesivo.
>
> § 1º Se houver cumulação de pedidos, o juízo, ao proferir a decisão, discriminará os valores das indenizações a título de danos patrimoniais e das reparações por danos de natureza extrapatrimonial.
>
> § 2º A composição das perdas e danos, assim compreendidos os lucros cessantes e os danos emergentes, não interfere na avaliação dos danos extrapatrimoniais.
>
> Art. 223-G. Ao apreciar o pedido, o juízo considerará:
>
> I — a natureza do bem jurídico tutelado;
>
> II — a intensidade do sofrimento ou da humilhação;
>
> III — a possibilidade de superação física ou psicológica;
>
> IV — os reflexos pessoais e sociais da ação ou da omissão;

V — a extensão e a duração dos efeitos da ofensa;

VI — as condições em que ocorreu a ofensa ou o prejuízo moral;

VII — o grau de dolo ou culpa;

VIII — a ocorrência de retratação espontânea;

IX — o esforço efetivo para minimizar a ofensa;

X — o perdão, tácito ou expresso;

XI — a situação social e econômica das partes envolvidas;

XII — o grau de publicidade da ofensa.

§ 1º Ao julgar procedente o pedido, o juízo fixará a reparação a ser paga, a cada um dos ofendidos, em um dos seguintes parâmetros, vedada a acumulação:

I — para ofensa de natureza leve — até três vezes o valor do limite máximo dos benefícios do Regime Geral de Previdência Social;

II — para ofensa de natureza média — até cinco vezes o valor do limite máximo dos benefícios do Regime Geral de Previdência Social;

III — para ofensa de natureza grave — até vinte vezes o valor do limite máximo dos benefícios do Regime Geral de Previdência Social; ou

IV — para ofensa de natureza gravíssima — até cinquenta vezes o valor do limite máximo dos benefícios do Regime Geral de Previdência Social.

§ 2º Se o ofendido for pessoa jurídica, a indenização será fixada com observância dos mesmos parâmetros estabelecidos no § 1º deste artigo, mas em relação ao salário contratual do ofensor.

§ 3º Na reincidência de quaisquer das partes, o juízo poderá elevar ao dobro o valor da indenização.

§ 4º Para fins do disposto no § 3º, a reincidência ocorrerá se ofensa idêntica ocorrer no prazo de até dois anos, contado do trânsito em julgado da decisão condenatória.

§ 5º Os parâmetros estabelecidos no § 1º não se aplicam aos danos extrapatrimoniais decorrentes de morte.

Trata-se de uma alteração importante introduzida pela MP n. 808/2017, tendo em vista que o critério para a fixação do valor da indenização era o último salário contratual do ofendido, fazendo com que odiosas distinções fossem perpetradas tão somente em razão do valor do salário do empregado. Com o novo texto legal, o critério definidor do valor passa a ser o limite máximo do Regime Geral da Previdência Social.

O § 3º do art. 223-G foi alterado para suprimir a expressão "partes idênticas" e considerar quaisquer das partes.

Outrossim, os parâmetros estabelecidos no parágrafo primeiro do artigo em comento não serão aplicados aos danos extrapatrimoniais quando houver óbito do empregado.

2.12. Proteção do trabalho da mulher

Foi revogado o art. 384 da CLT que previa descaso de 15 minutos para a mulher, antes do início da prorrogação da jornada.

A empregada gestante não podia trabalhar em locais insalubres. Contudo, o art. 394-A foi alterado para estabelecer exceções à regra então vigente.

Todavia, a MP n. 808/2017 promoveu alterações ao texto já alterado no intuito de garantir o afastamento da mulher gestante de atividades insalubres em grau máximo como forma de preservar a sua saúde e a do nascituro, ao mesmo tempo em que se permite que, nos casos de atividades insalubres em grau médio e mínimo possam ser exercidos pela mulher quando houver apresentação voluntária de atestado de saúde emitido por médico de sua confiança que autorize sua permanência no exercício das atividades.

> Art. 394-A. A empregada gestante será afastada, enquanto durar a gestação, de quaisquer atividades, operações ou locais insalubres e exercerá suas atividades em local salubre, excluído, nesse caso, o pagamento de adicional de insalubridade.
>
> § 2º O exercício de atividades e operações insalubres em grau médio ou mínimo, pela gestante, somente será permitido quando ela, voluntariamente, apresentar atestado de saúde, emitido por médico de sua confiança, do sistema privado ou público de saúde, que autorize a sua permanência no exercício de suas atividades.
>
> § 3º A empregada lactante será afastada de atividades e operações consideradas insalubres em qualquer grau quando apresentar

atestado de saúde emitido por médico de sua confiança, do sistema privado ou público de saúde, que recomende o afastamento durante a lactação.

Nos termos do art. 396 e seus parágrafos, para amamentar o próprio filho, até que este complete 6 meses de idade, a mulher terá direito, durante a jornada de trabalho, a 2 descansos especiais, de 30 minutos cada um, sendo que:

> Art. 396
>
> [...]
>
> § 2º Os horários dos descansos previstos no *caput* deste artigo deverão ser definidos em acordo individual entre a mulher e o empregador.

2.13. Trabalhador autônomo

A Lei n. 13.467/2017 estabeleceu a possibilidade de contratação do trabalhador autônomo sem o reconhecimento deste como empregado. Contudo, a MP n. 808/2017 deu nova redação ao *caput* do art. 442-B, além de inserir 7 parágrafos no referido dispositivo legal.

> Art. 442-B. A contratação do autônomo, cumpridas por este todas as formalidades legais, de forma contínua ou não, afasta a qualidade de empregado prevista no art. 3º desta Consolidação.
>
> § 1º É vedada a celebração de cláusula de exclusividade no contrato previsto no *caput*.
>
> § 2º Não caracteriza a qualidade de empregado prevista no art. 3º o fato de o autônomo prestar serviços a apenas um tomador de serviços.
>
> § 3º O autônomo poderá prestar serviços de qualquer natureza a outros tomadores de serviços que exerçam ou não a mesma atividade econômica, sob qualquer modalidade de contrato de trabalho, inclusive como autônomo.
>
> § 4º Fica garantida ao autônomo a possibilidade de recusa de realizar atividade demandada pelo contratante, garantida a aplicação de cláusula de penalidade prevista em contrato.
>
> § 5º Motoristas, representantes comerciais, corretores de imóveis, parceiros, e trabalhadores de outras categorias profissionais reguladas por leis específicas relacionadas a atividades compatíveis com o

contrato autônomo, desde que cumpridos os requisitos do *caput*, não possuirão a qualidade de empregado prevista no art. 3º.

§ 6º Presente a subordinação jurídica, será reconhecido o vínculo empregatício.

§ 7º O disposto no *caput* se aplica ao autônomo, ainda que exerça atividade relacionada ao negócio da empresa contratante.

Logo, foram estabelecidos limites e critérios para a contratação do trabalhador autônomo.

2.14. Contrato individual de trabalho

Art. 443. O contrato individual de trabalho poderá ser acordado tácita ou expressamente, verbalmente ou por escrito, por prazo determinado ou indeterminado, <u>ou para prestação de trabalho intermitente</u>.

§ 3º Considera-se como intermitente o contrato de trabalho no qual a prestação de serviços, com subordinação, não é contínua, ocorrendo com alternância de períodos de prestação de serviços e de inatividade, determinados em horas, dias ou meses, independentemente do tipo de atividade do empregado e do empregador, exceto para os aeronautas, regidos por legislação própria.

O art. 444 da CLT prevê a livre estipulação contratual pelas partes. Foi inserido o parágrafo único que prevê:

Parágrafo único. A livre estipulação a que se refere o *caput* deste artigo aplica-se às hipóteses previstas no art. 611-A desta Consolidação, com a mesma eficácia legal e preponderância sobre os instrumentos coletivos, **no caso de empregado portador de diploma de nível superior e que perceba salário mensal igual ou superior a duas vezes o limite máximo dos benefícios do Regime Geral de Previdência Social**.

2.15. Sucessão empresarial

Art. 448-A. Caracterizada a sucessão empresarial ou de empregadores prevista nos arts. 10 e 448 desta Consolidação, as obrigações trabalhistas, inclusive as contraídas à época em que os empregados trabalhavam para a empresa sucedida, são de responsabilidade do sucessor.

Parágrafo único. A empresa sucedida responderá solidariamente com a sucessora quando ficar comprovada fraude na transferência.

2.16. Contrato de trabalho intermitente

Trata-se de uma novidade introduzida na reforma trabalhista e que é disciplinada no art. 452-A e seus parágrafos. A MP n. 808/2017 trouxe uma maior regulamentação para esta atividade e revogou os §§ 4º e 5º, além de alterar os §§ 2º e 6º e inserir os §§ 10 a 15. Houve a inclusão dos arts. 452-B ao 252-H.

Art. 452-A. O contrato de trabalho intermitente será celebrado por escrito e registrado na CTPS, ainda que previsto acordo coletivo de trabalho ou convenção coletiva, e conterá:

I — identificação, assinatura e domicílio ou sede das partes;

II — valor da hora ou do dia de trabalho, que não poderá ser inferior ao valor horário ou diário do salário mínimo, assegurada a remuneração do trabalho noturno superior à do diurno e observado o disposto no § 12; e

III — o local e o prazo para o pagamento da remuneração.

§ 1º O empregador convocará, por qualquer meio de comunicação eficaz, para a prestação de serviços, informando qual será a jornada, com, pelo menos, três dias corridos de antecedência.

§ 2º Recebida a convocação, o empregado terá o prazo de vinte e quatro horas para responder ao chamado, presumida, no silêncio, a recusa.

§ 3º A recusa da oferta não descaracteriza a subordinação para fins do contrato de trabalho intermitente.

§ 4º [...] Revogado pela MP n. 808[10]

§ 5º [...] Revogado pela MP n. 808[11]

---

(10) Redação anterior que foi revogada: "§ 4º Aceita a oferta para o comparecimento ao trabalho, a parte que descumprir, sem justo motivo, pagará à outra parte, no prazo de trinta dias, multa de 50% (cinquenta por cento) da remuneração que seria devida, permitida a compensação em igual prazo."
(11) Redação anterior que foi revogada: "§ 5º O período de inatividade não será considerado tempo à disposição do empregador, podendo o trabalhador prestar serviços a outros contratantes."

§ 6º Na data acordada para o pagamento, observado o disposto no § 11, o empregado receberá, de imediato, as seguintes parcelas:

I — remuneração;

II — férias proporcionais com acréscimo de um terço;

III — décimo terceiro salário proporcional;

IV — repouso semanal remunerado; e

V — adicionais legais.

§ 7º O recibo de pagamento deverá conter a discriminação dos valores pagos relativos a cada uma das parcelas referidas no § 6º deste artigo.

§ 8º O empregador efetuará o recolhimento da contribuição previdenciária e o depósito do Fundo de Garantia do Tempo de Serviço, na forma da lei, com base nos valores pagos no período mensal e fornecerá ao empregado comprovante do cumprimento dessas obrigações.

§ 9º A cada doze meses, o empregado adquire direito a usufruir, nos doze meses subsequentes, um mês de férias, período no qual não poderá ser convocado para prestar serviços pelo mesmo empregador.

§ 10. O empregado, mediante prévio acordo com o empregador, poderá usufruir suas férias em até três períodos, nos termos dos §§ 1º e 2º do art. 134.

§ 11. Na hipótese de o período de convocação exceder um mês, o pagamento das parcelas a que se referem o § 6º não poderá ser estipulado por período superior a um mês, contado a partir do primeiro dia do período de prestação de serviço.

§ 12. O valor previsto no inciso II do caput não será inferior àquele devido aos demais empregados do estabelecimento que exerçam a mesma função.

§ 13. Para os fins do disposto neste artigo, o auxílio-doença será devido ao segurado da Previdência Social a partir da data do início da incapacidade, vedada a aplicação do disposto § 3º do art. 60 da Lei n. 8.213, de 1991.

§ 14. O salário maternidade será pago diretamente pela Previdência Social, nos termos do disposto no § 3º do art. 72 da Lei n. 8.213, de 1991.

§ 15. Constatada a prestação dos serviços pelo empregado, estarão satisfeitos os prazos previstos nos §§ 1º e 2º.

Art. 452-B. É facultado às partes convencionar por meio do contrato de trabalho intermitente:

I — locais de prestação de serviços;

II — turnos para os quais o empregado será convocado para prestar serviços;

III — formas e instrumentos de convocação e de resposta para a prestação de serviços;

IV — formato de reparação recíproca na hipótese de cancelamento de serviços previamente agendados nos termos dos §§ 1º e 2º do art. 452-A.

Art. 452-C. Para fins do disposto no § 3º do art. 443, considera-se período de inatividade o intervalo temporal distinto daquele para o qual o empregado intermitente haja sido convocado e tenha prestado serviços nos termos do § 1º do art. 452-A.

§ 1º Durante o período de inatividade, o empregado poderá prestar serviços de qualquer natureza a outros tomadores de serviço, que exerçam ou não a mesma atividade econômica, utilizando contrato de trabalho intermitente ou outra modalidade de contrato de trabalho.

§ 2º No contrato de trabalho intermitente, o período de inatividade não será considerado tempo à disposição do empregador e não será remunerado, hipótese em que restará descaracterizado o contrato de trabalho intermitente caso haja remuneração por tempo à disposição no período de inatividade.

Art. 452-D. Decorrido o prazo de um ano sem qualquer convocação do empregado pelo empregador, contado a partir da data da celebração do contrato, da última convocação ou do último dia de prestação de serviços, o que for mais recente, será considerado rescindido de pleno direito o contrato de trabalho intermitente.

Art. 452-E. Ressalvadas as hipóteses a que se referem os arts. 482 e 483, na hipótese de extinção do contrato de trabalho intermitente serão devidas as seguintes verbas rescisórias:

I — pela metade:

a) o aviso-prévio indenizado, calculado conforme o art. 452-F; e

b) a indenização sobre o saldo do Fundo de Garantia do Tempo de Serviço — FGTS, prevista no § 1º do art. 18 da Lei n. 8.036, de 11 de maio de 1990; e

II — na integralidade, as demais verbas trabalhistas.

§ 1º A extinção de contrato de trabalho intermitente permite a movimentação da conta vinculada do trabalhador no FGTS na forma do inciso I-A do art. 20 da Lei n. 8.036, de 1990, limitada a até oitenta por cento do valor dos depósitos.

§ 2º A extinção do contrato de trabalho intermitente a que se refere este artigo não autoriza o ingresso no Programa de Seguro-Desemprego.

Art. 452-F. As verbas rescisórias e o aviso prévio serão calculados com base na média dos valores recebidos pelo empregado no curso do contrato de trabalho intermitente.

§ 1º No cálculo da média a que se refere o caput, serão considerados apenas os meses durante os quais o empregado tenha recebido parcelas remuneratórias no intervalo dos últimos doze meses ou o período de vigência do contrato de trabalho intermitente, se este for inferior.

§ 2º O aviso-prévio será necessariamente indenizado, nos termos dos §§ 1º e 2º do art. 487." (NR)

Art. 452-G. Até 31 de dezembro de 2020, o empregado registrado por meio de contrato de trabalho por prazo indeterminado demitido não poderá prestar serviços para o mesmo empregador por meio de contrato de trabalho intermitente pelo prazo de dezoito meses, contado da data da demissão do empregado.

Art. 452-H. No contrato de trabalho intermitente, o empregador efetuará o recolhimento das contribuições previdenciárias próprias e do empregado e o depósito do FGTS com base nos valores pagos no período mensal e fornecerá ao empregado comprovante do cumprimento dessas obrigações, observado o disposto no art. 911-A.

Com efeito, a figura do trabalhador intermitente já existia em nosso ordenamento jurídico. Todavia, era solenemente negado pela doutrina e jurisprudência, em que pese a prática habitual em situações em que demandavam um aumento sazonal e temporário de serviços. A partir da reforma trabalhista, esse contingente de empregados sairá da informalidade e entrará no mercado de trabalho com a geração de impostos e registro formal de um trabalho que já existia, mas que poucos queriam enxergar.

A MP trouxe a novidade dos arts. 452-B e seguintes, sendo que o art. 452-B conveniciona que é facultado às partes pactuar no instrumento contratual os locais de prestação de serviços, os turnos para os quais o empregado será convocado para prestar serviços, as formas e instrumentos de convocação e de resposta para a prestação de serviços e o formato de reparação recíproca em caso de cancelamento de serviços previamente agendados.

Com a alteração do texto original da Lei n. 13.467/2017, a MP n. 808/2017 eliminou a multa de 50% prevista para os casos de descumprimento contratual.

Já o art. 452-C esclarece o significado de inatividade para o contrato intermitente e disciplina que durante o período de inatividade, o empregado poderá prestar serviços de qualquer natureza a outros empregadores, utilizando contrato de trabalho intermitente ou outra modalidade de contrato de trabalho, independentemente do ramo da atividade econômica. Outrossim, para evitar que o contrato intermitente seja confundido com outros tipos de contrato, o período de inatividade no contrato intermitente não será considerado tempo à disposição do empregador e não será remunerado, sendo descaracterizado o contrato intermitente caso haja remuneração por tempo à disposição no período de inatividade.

2.17. Vestimenta no trabalho

Antes da reforma trabalhista a jurisprudência do TST havia definido que a utilização de uniforme com logomarca de patrocinadores ensejava o pagamento de indenização por dano moral que geralmente era arbitrada na faixa de R$ 5.000,00 a R$ 10.000,00.

O art. 456-A estabelece que:

> Art. 456-A. Cabe ao empregador definir o padrão de vestimenta no meio ambiente laboral, sendo lícita a inclusão no uniforme de logomarcas da própria empresa ou de empresas parceiras e de outros itens de identificação relacionados à atividade desempenhada.
>
> Parágrafo único. A higienização do uniforme é de responsabilidade do trabalhador, salvo nas hipóteses em que forem necessários procedimentos ou produtos diferentes dos utilizados para a higienização das vestimentas de uso comum.

2.18. Remuneração

O art. 457 da CLT estabelece que compreendem-se na remuneração do empregado, para todos os efeitos legais, além do salário devido e pago diretamente pelo empregador, como contraprestação do serviço, as gorjetas que receber.

Houve inserção e alteração de parágrafos do presente artigo, sendo que a MP n. 808/2017 alterou os §§ 1º e 2º e inseriu os §§ 12 a 23, que passam a vigorar com a seguinte redação:

> § 1º Integram o salário a importância fixa estipulada, as gratificações legais e de função e as comissões pagas pelo empregador.
>
> § 2º As importâncias, ainda que habituais, pagas a título de <u>ajuda de custo, limitadas a cinquenta por cento da remuneração mensal</u>, o auxílio-alimentação, vedado o seu pagamento em dinheiro, as diárias para viagem e os prêmios não integram a remuneração do empregado, não se incorporam ao contrato de trabalho e não constituem base de incidência de encargo trabalhista e previdenciário.
>
> § 3º Considera-se gorjeta não só a importância espontaneamente dada pelo cliente ao empregado, como também o valor cobrado pela empresa, como serviço ou adicional, a qualquer título, e destinado à distribuição aos empregados.
>
> § 4º Consideram-se **prêmios** as liberalidades concedidas pelo empregador em forma de bens, serviços ou valor em dinheiro a empregado ou a grupo de empregados, em razão de desempenho superior ao ordinariamente esperado no exercício de suas atividades.
>
> § 5º Inexistindo previsão em convenção ou acordo coletivo de trabalho, os critérios de rateio e distribuição da gorjeta e os percentuais de retenção previstos nos §§ 6º e 7º deste artigo serão definidos em assembleia geral dos trabalhadores, na forma do art. 612 desta Consolidação.
>
> § 6º As empresas que cobrarem a gorjeta de que trata o § 3º deverão:
>
>> I — para as empresas inscritas em regime de tributação federal diferenciado, lançá-la na respectiva nota de consumo, facultada a retenção de até 20% (vinte por cento) da arrecadação correspondente, mediante previsão em convenção ou acordo coletivo de trabalho, para custear os encargos sociais, previdenciários e trabalhistas derivados da sua integração à remuneração dos empregados, devendo o valor remanescente ser revertido integralmente em favor do trabalhador;
>>
>> II — para as empresas não inscritas em regime de tributação federal diferenciado, lançá-la na respectiva nota de consumo, facultada

a retenção de até 33% (trinta e três por cento) da arrecadação correspondente, mediante previsão em convenção ou acordo coletivo de trabalho, para custear os encargos sociais, previdenciários e trabalhistas derivados da sua integração à remuneração dos empregados, devendo o valor remanescente ser revertido integralmente em favor do trabalhador;

III — anotar na Carteira de Trabalho e Previdência Social e no contracheque de seus empregados o salário contratual fixo e o percentual percebido a título de gorjeta.

§ 7º A gorjeta, quando entregue pelo consumidor diretamente ao empregado, terá seus critérios definidos em convenção ou acordo coletivo de trabalho, facultada a retenção nos parâmetros do § 6º deste artigo.

§ 8º As empresas deverão anotar na Carteira de Trabalho e Previdência Social de seus empregados o salário fixo e a média dos valores das gorjetas referente aos últimos doze meses.

§ 9º Cessada pela empresa a cobrança da gorjeta de que trata o § 3º deste artigo, desde que cobrada por mais de doze meses, essa se incorporará ao salário do empregado, tendo como base a média dos últimos doze meses, salvo o estabelecido em convenção ou acordo coletivo de trabalho.

§ 10. Para empresas com mais de sessenta empregados, será constituída comissão de empregados, mediante previsão em convenção ou acordo coletivo de trabalho, para acompanhamento e fiscalização da regularidade da cobrança e distribuição da gorjeta de que trata o § 3º deste artigo, cujos representantes serão eleitos em assembleia geral convocada para esse fim pelo sindicato laboral e gozarão de garantia de emprego vinculada ao desempenho das funções para que foram eleitos, e, para as demais empresas, será constituída comissão intersindical para o referido fim.

§ 11. Comprovado o descumprimento do disposto nos §§ 4º, 6º, 7º e 9º deste artigo, o empregador pagará ao trabalhador prejudicado, a título de multa, o valor correspondente a 1/30 (um trinta avos) da média da gorjeta por dia de atraso, limitada ao piso da categoria, assegurados em qualquer hipótese o contraditório e a ampla defesa, observadas as seguintes regras:

I — a limitação prevista neste parágrafo será triplicada caso o empregador seja reincidente;

II — considera-se reincidente o empregador que, durante o período de doze meses, descumpre o disposto nos §§ 4º, 6º, 7º e 9º deste artigo por mais de sessenta dias.

§ 12. A gorjeta a que se refere o § 3º não constitui receita própria dos empregadores, destina-se aos trabalhadores e será distribuída segundo os critérios de custeio e de rateio definidos em convenção coletiva ou acordo coletivo de trabalho.

§ 13. Se inexistir previsão em convenção coletiva ou acordo coletivo de trabalho, os critérios de rateio e distribuição da gorjeta e os percentuais de retenção previstos nos §§ 14 e 15 serão definidos em assembleia geral dos trabalhadores, na forma estabelecida no art. 612.

§ 14. As empresas que cobrarem a gorjeta de que trata o § 3º deverão:

I — quando inscritas em regime de tributação federal diferenciado, lançá-la na respectiva nota de consumo, facultada a retenção de até vinte por cento da arrecadação correspondente, mediante previsão em convenção coletiva ou acordo coletivo de trabalho, para custear os encargos sociais, previdenciários e trabalhistas derivados da sua integração à remuneração dos empregados, hipótese em que o valor remanescente deverá ser revertido integralmente em favor do trabalhador;

II — quando não inscritas em regime de tributação federal diferenciado, lançá-la na respectiva nota de consumo, facultada a retenção de até trinta e três por cento da arrecadação correspondente, mediante previsão em convenção coletiva ou acordo coletivo de trabalho, para custear os encargos sociais, previdenciários e trabalhistas derivados da sua integração à remuneração dos empregados, hipótese em que o valor remanescente deverá ser revertido integralmente em favor do trabalhador; e

III — anotar na CTPS e no contracheque de seus empregados o salário contratual fixo e o percentual percebido a título de gorjeta.

§ 15. A gorjeta, quando entregue pelo consumidor diretamente ao empregado, terá seus critérios definidos em convenção coletiva ou acordo coletivo de trabalho, facultada a retenção nos parâmetros estabelecidos no § 14.

§ 16. As empresas anotarão na CTPS de seus empregados o salário fixo e a média dos valores das gorjetas referente aos últimos doze meses.

§ 17. Cessada pela empresa a cobrança da gorjeta de que trata o § 3º, desde que cobrada por mais de doze meses, essa se incorporará ao salário do empregado, a qual terá como base a média dos últimos doze meses, sem prejuízo do estabelecido em convenção coletiva ou acordo coletivo de trabalho.

§ 18. Para empresas com mais de sessenta empregados, será constituída comissão de empregados, mediante previsão em convenção coletiva ou acordo coletivo de trabalho, para acompanhamento e fiscalização da regularidade da cobrança e distribuição da gorjeta de que trata o § 3º, cujos representantes serão eleitos em assembleia geral convocada para esse fim pelo sindicato laboral e gozarão de garantia de emprego vinculada ao desempenho das funções para que foram eleitos, e, para as demais empresas, será constituída comissão intersindical para o referido fim.

§ 19. Comprovado o descumprimento ao disposto nos §§ 12, 14, 15 e 17, o empregador pagará ao trabalhador prejudicado, a título de multa, o valor correspondente a um trinta avos da média da gorjeta por dia de atraso, limitada ao piso da categoria, assegurados, em qualquer hipótese, o princípio do contraditório e da ampla defesa.

§ 20. A limitação prevista no § 19 será triplicada na hipótese de reincidência do empregador.

§ 21. Considera-se reincidente o empregador que, durante o período de doze meses, descumprir o disposto nos §§ 12, 14, 15 e 17 por período superior a sessenta dias.

§ 22. Consideram-se prêmios as liberalidades concedidas pelo empregador, até duas vezes ao ano, em forma de bens, serviços ou valor em dinheiro, a empregado, grupo de empregados ou terceiros vinculados à sua atividade econômica em razão de desempenho superior ao ordinariamente esperado no exercício de suas atividades.

§ 23. Incidem o imposto sobre a renda e quaisquer outros encargos tributários sobre as parcelas referidas neste artigo, exceto aquelas expressamente isentas em lei específica.

O § 23 que foi inserido pela MP n. 808 parece contrariar a intenção do legislador estampada no *caput* do artigo, tendo em vista a assertiva de que incidirão imposto de renda e encargos tributários sobre as parcelas mencionadas neste artigo.

No art. 458 foi incluído o § 5º com a seguinte redação:

> § 5º O valor relativo à assistência prestada por serviço médico ou odontológico, próprio ou não, inclusive o reembolso de despesas com medicamentos, óculos, aparelhos ortopédicos, próteses, órteses, despesas médico-hospitalares e outras similares, mesmo quando concedido em diferentes modalidades de planos e coberturas, não integram o salário do empregado para qualquer efeito nem o salário de contribuição, para efeitos do previsto na alínea *q* do § 9º do art. 28 da Lei n. 8.212, de 24 de julho de 1991.

2.19. *Isonomia*

> Art. 461. Sendo idêntica a função, a todo trabalho de igual valor, prestado ao mesmo empregador, no mesmo estabelecimento empresarial, corresponderá igual salário, sem distinção de sexo, etnia, nacionalidade ou idade.
>
> § 1º Trabalho de igual valor, para os fins deste Capítulo, será o que for feito com igual produtividade e com a mesma perfeição técnica, entre pessoas cuja diferença de tempo de serviço para o mesmo empregador **não seja superior a quatro anos e a diferença de tempo na função não seja superior a dois anos**.
>
> § 2º Os dispositivos deste artigo não prevalecerão quando o empregador tiver pessoal organizado em quadro de carreira ou adotar, por meio de norma interna da empresa ou de negociação coletiva, plano de cargos e salários, **dispensada qualquer forma de homologação ou registro em órgão público**.
>
> § 3º No caso do § 2º deste artigo, as promoções poderão ser feitas por merecimento e por antiguidade, <u>ou por apenas um destes critérios</u>, dentro de cada categoria profissional.
>
> § 5º A equiparação salarial só será possível entre empregados contemporâneos no cargo ou na função, ficando vedada a indicação de paradigmas remotos, ainda que o paradigma contemporâneo tenha obtido a vantagem em ação judicial própria.
>
> § 6º No caso de comprovada discriminação por motivo de sexo ou etnia, o juízo determinará, além do pagamento das diferenças salariais devidas, multa, em favor do empregado discriminado, no valor

de 50% (cinquenta por cento) do limite máximo dos benefícios do Regime Geral de Previdência Social.

2.20. Alteração contratual

A Jurisprudência havia consagrado que a reversão da função de confiança, não assegurava o pagamento da gratificação, salvo se o empregado tivesse exercido a função por mais de 10 anos.

O § 2º do art. 468, representa mudança da jurisprudência:

> § 2º A alteração de que trata o § 1º deste artigo, com ou sem justo motivo, não assegura ao empregado o direito à manutenção do pagamento da gratificação correspondente, que não será incorporada, independentemente do tempo de exercício da respectiva função.

2.21. Rescisão

> Art. 477. Na extinção do contrato de trabalho, o empregador deverá proceder à anotação na Carteira de Trabalho e Previdência Social, comunicar a dispensa aos órgãos competentes e realizar o pagamento das verbas rescisórias no prazo e na forma estabelecidos neste artigo.

A revogação do § 1º do art. 477/CLT implica em dispensar a assistência sindical no ato da homologação da rescisão contratual, o que antes era obrigatório para empregados que contassem com mais de 1 ano de serviço.

O § 4º prevê:

> § 4º O pagamento a que fizer jus o empregado será efetuado:
>
> > I — em dinheiro, depósito bancário ou cheque visado, conforme acordem as partes; ou
>
> > II — em dinheiro ou depósito bancário quando o empregado for analfabeto.
>
> § 6º A entrega ao empregado de documentos que comprovem a comunicação da extinção contratual aos órgãos competentes bem como o pagamento dos valores constantes do instrumento de rescisão ou recibo de quitação deverão ser efetuados até **dez dias contados a partir do término do contrato.**

Ficam revogadas as alíneas *a* e *b*, bem como o § 7º.

> § 10. A anotação da extinção do contrato na Carteira de Trabalho e Previdência Social é documento hábil para requerer o benefício do seguro-desemprego e a movimentação da conta vinculada no Fundo de Garantia do Tempo de Serviço, nas hipóteses legais, desde que a comunicação prevista no *caput* deste artigo tenha sido realizada.

Além do § 10, ficam acrescidos os arts. 477-A e 477-B:

> Art. 477-A. As dispensas imotivadas individuais, plúrimas ou coletivas equiparam-se para todos os fins, não havendo necessidade de autorização prévia de entidade sindical ou de celebração de convenção coletiva ou acordo coletivo de trabalho para sua efetivação.

A previsão constante no art. 477-A altera o entendimento jurisprudencial que ao julgar o *leading case* da Embraer havia definido que para a demissão em massa, haveria a necessidade de ajuste coletivo.

> Art. 477-B. Plano de Demissão Voluntária ou Incentivada, para dispensa individual, plúrima ou coletiva, previsto em convenção coletiva ou acordo coletivo de trabalho, enseja quitação plena e irrevogável dos direitos decorrentes da relação empregatícia, salvo disposição em contrário estipulada entre as partes.

As hipóteses de <u>justa causa</u> estão enumeradas no art. 482 da CLT, sendo acrescentada a alínea *m*:

> m) perda da habilitação ou dos requisitos estabelecidos em lei para o exercício da profissão, em decorrência de conduta dolosa do empregado.

O art. 484-A trata da possibilidade da rescisão por comum acordo:

> Art. 484-A. O contrato de trabalho poderá ser extinto por acordo entre empregado e empregador, caso em que serão devidas as seguintes verbas trabalhistas:
>
> I — por metade:
>
> a) o aviso-prévio, se indenizado; e
>
> b) a indenização sobre o saldo do Fundo de Garantia do Tempo de Serviço, prevista no § 1º do art. 18 da Lei n. 8.036, de 11 de maio de 1990;
>
> II — na integralidade, as demais verbas trabalhistas.
>
> § 1º A extinção do contrato prevista no *caput* deste artigo permite a movimentação da conta vinculada do trabalhador no Fundo de

Garantia do Tempo de Serviço na forma do inciso I-A do art. 20 da Lei n. 8.036, de 11 de maio de 1990, limitada até 80% (oitenta por cento) do valor dos depósitos.

§ 2º A extinção do contrato por acordo prevista no *caput* deste artigo não autoriza o ingresso no Programa de Seguro-Desemprego.

Portanto, a demissão "simulada" passa a ser coibida evitando prejuízos e fraudes ao programa de seguro-desemprego. Atualmente, em alguns casos, mediante acordo fraudulento, patrão e empregado simulam a dispensa: o empregado "pede" para ser demitido e o empregador recebe de volta a multa de 40% do FGTS e o empregado se habilita no seguro-desemprego. Com a nova previsão, fica estabelecido um acordo de se receber pela metade o aviso-prévio e a multa de 40%, sem o ingresso do empregado no programa do seguro-desemprego.

2.22. *Cláusula compromissória de arbitragem*

Grande novidade introduzida pela Lei n. 13.467/2017.

> Art. 507-A. Nos contratos individuais de trabalho cuja remuneração seja superior a duas vezes o limite máximo estabelecido para os benefícios do Regime Geral de Previdência Social, poderá ser pactuada cláusula compromissória de arbitragem, desde que por iniciativa do empregado ou mediante a sua concordância expressa, nos termos previstos na Lei n. 9.307, de 23 de setembro de 1996.
>
> Art. 507-B. É facultado a empregados e empregadores, <u>na vigência ou não do contrato de emprego</u>, firmar o **termo de quitação anual de obrigações trabalhistas**, perante o sindicato dos empregados da categoria.
>
> Parágrafo único. O termo discriminará as obrigações de dar e fazer cumpridas mensalmente e dele constará a quitação anual dada pelo empregado, com eficácia liberatória das parcelas nele especificadas.

2.23. *Representantes de fábrica*

> Art. 510-A. Nas empresas com mais de duzentos empregados, é assegurada a eleição de uma comissão para representá-los, com a finalidade de promover-lhes o entendimento direto com os empregadores.

§ 1º A comissão será composta:

I — nas empresas com mais de duzentos e até três mil empregados, por três membros;

II — nas empresas com mais de três mil e até cinco mil empregados, por cinco membros;

III — nas empresas com mais de cinco mil empregados, por sete membros.

§ 2º No caso de a empresa possuir empregados em vários Estados da Federação e no Distrito Federal, será assegurada a eleição de uma comissão de representantes dos empregados por Estado ou no Distrito Federal, na mesma forma estabelecida no § 1º deste artigo.

Art. 510-B. A comissão de representantes dos empregados terá as seguintes atribuições:

I — representar os empregados perante a administração da empresa;

II — aprimorar o relacionamento entre a empresa e seus empregados com base nos princípios da boa-fé e do respeito mútuo;

III — promover o diálogo e o entendimento no ambiente de trabalho com o fim de prevenir conflitos;

IV — buscar soluções para os conflitos decorrentes da relação de trabalho, de forma rápida e eficaz, visando à efetiva aplicação das normas legais e contratuais;

V — assegurar tratamento justo e imparcial aos empregados, impedindo qualquer forma de discriminação por motivo de sexo, idade, religião, opinião política ou atuação sindical;

VI — encaminhar reivindicações específicas dos empregados de seu âmbito de representação;

VII — acompanhar o cumprimento das leis trabalhistas, previdenciárias e das convenções coletivas e acordos coletivos de trabalho.

§ 1º As decisões da comissão de representantes dos empregados serão sempre colegiadas, observada a maioria simples.

§ 2º A comissão organizará sua atuação de forma independente.

Art. 510-C. A eleição será convocada, com antecedência mínima de trinta dias, contados do término do mandato anterior, por meio de edital que deverá ser fixado na empresa, com ampla publicidade, para inscrição de candidatura.

§ 1º Será formada comissão eleitoral, integrada por cinco empregados, não candidatos, para a organização e o acompanhamento do processo eleitoral, vedada a interferência da empresa e do sindicato da categoria.

§ 2º Os empregados da empresa poderão candidatar-se, exceto aqueles com contrato de trabalho por prazo determinado, com contrato suspenso ou que estejam em período de aviso-prévio, ainda que indenizado.

§ 3º Serão eleitos membros da comissão de representantes dos empregados os candidatos mais votados, em votação secreta, vedado o voto por representação.

§ 4º A comissão tomará posse no primeiro dia útil seguinte à eleição ou ao término do mandato anterior.

§ 5º Se não houver candidatos suficientes, a comissão de representantes dos empregados poderá ser formada com número de membros inferior ao previsto no art. 510-A desta Consolidação.

§ 6º Se não houver registro de candidatura, será lavrada ata e convocada nova eleição no prazo de um ano.

Art. 510-D. O mandato dos membros da comissão de representantes dos empregados será de um ano.

§ 1º O membro que houver exercido a função de representante dos empregados na comissão não poderá ser candidato nos dois períodos subsequentes.

§ 2º O mandato de membro de comissão de representantes dos empregados não implica suspensão ou interrupção do contrato de trabalho, devendo o empregado permanecer no exercício de suas funções.

§ 3º Desde o registro da candidatura até um ano após o fim do mandato, o membro da comissão de representantes dos empregados não poderá sofrer despedida arbitrária, entendendo-se como tal a que não se fundar em motivo disciplinar, técnico, econômico ou financeiro.

§ 4º Os documentos referentes ao processo eleitoral devem ser emitidos em duas vias, as quais permanecerão sob a guarda dos empregados e da empresa pelo prazo de cinco anos, à disposição para consulta de qualquer trabalhador interessado, do Ministério Público do Trabalho e do Ministério do Trabalho.

A MP n. 808/2017 inseriu o art. 510-E que contém a seguinte redação:

> Art. 510-E. A comissão de representantes dos empregados não substituirá a função do sindicato de defender os direitos e os interesses coletivos ou individuais da categoria, inclusive em questões judiciais ou administrativas, hipótese em que será obrigatória a participação dos sindicatos em negociações coletivas de trabalho, nos termos dos incisos III e VI do *caput* do art. 8º da Constituição.

Insta salientar que a inclusão deste último dispositivo legal pretende explicitar o disposto nos incisos III e VI do art. 8º da Constituição Federal no tocante à atuação do sindicato na defesa dos direitos e interesses coletivos ou individuais da categoria, inclusive em questões judiciais ou administrativas e da sua participação obrigatória nas negociações coletivas de trabalho.

2.24. *Organização sindical*

O fim da contribuição sindical obrigatória representa grande avanço no ordenamento legal trabalhista.

> Art. 545. Os empregadores ficam obrigados a descontar da folha de pagamento dos seus empregados, desde que por eles devidamente autorizados, as contribuições devidas ao sindicato, quando por este notificados.
>
> Art. 578. As contribuições devidas aos sindicatos pelos participantes das categorias econômicas ou profissionais ou das profissões liberais representadas pelas referidas entidades serão, sob a denominação de contribuição sindical, pagas, recolhidas e aplicadas na forma estabelecida neste Capítulo, desde que prévia e expressamente autorizadas.
>
> Art. 579. O desconto da contribuição sindical está condicionado à **autorização prévia e expressa** dos que participarem de uma determinada categoria econômica ou profissional, ou de uma profissão liberal, em favor do sindicato representativo da mesma categoria ou profissão ou, inexistindo este, na conformidade do disposto no art. 591 desta Consolidação.

> Art. 582. Os empregadores são obrigados a descontar da folha de pagamento de seus empregados relativa ao mês de março de cada ano a contribuição sindical dos empregados **que autorizaram prévia e expressamente o seu recolhimento aos respectivos sindicatos**.
>
> Art. 583. O recolhimento da contribuição sindical referente aos empregados e trabalhadores avulsos será efetuado no mês de abril de cada ano, e o relativo aos agentes ou trabalhadores autônomos e profissionais liberais realizar-se-á no mês de fevereiro, observada a exigência de autorização prévia e expressa prevista no art. 579 desta Consolidação.
>
> Art. 587. Os empregadores que optarem pelo recolhimento da contribuição sindical deverão fazê-lo no mês de janeiro de cada ano, ou, para os que venham a se estabelecer após o referido mês, na ocasião em que requererem às repartições o registro ou a licença para o exercício da respectiva atividade.

O art. 601, que exigia que o empregado apresentasse a prova de quitação do imposto sindical no ato de admissão, foi revogado.

> Art. 602. Os empregados que não estiverem trabalhando no mês destinado ao desconto da contribuição sindical e que venham a autorizar prévia e expressamente o recolhimento serão descontados no primeiro mês subsequente ao do reinício do trabalho.

2.25. Convenções coletivas de trabalho

O trabalhador terá mais responsabilidade e maturidade na hora de escolher os representantes de sua categoria, tendo em vista que as decisões dos sindicatos terão força de lei. Os novos dispositivos legais enumeram as rubricas que podem ser objeto de negociação coletiva e aquelas que não podem. Atualmente, ações individuais questionavam determinadas cláusulas do acordo ou convenção e o Poder Judiciário é que decidia se tal cláusula era benéfica ou não, tratando o sindicato como hipossuficiente.

O art. 611-A, que não é exaustivo, enumera as rubricas que podem ser objeto de transação, devendo ser ressaltado que o *caput* do referido artigo, assim como o inciso XII e o § 5º sofreram alteração pela MP n. 808/2017:

> Art. 611-A. A convenção coletiva e o acordo coletivo de trabalho, observados os incisos III e VI do *caput* do art. 8º da Constituição, têm prevalência sobre a lei quando, entre outros, dispuserem sobre:

I — pacto quanto à jornada de trabalho, observados os limites constitucionais;

II — banco de horas anual;

III — intervalo intrajornada, respeitado o limite mínimo de trinta minutos para jornadas superiores a seis horas;

IV — adesão ao Programa Seguro-Emprego (PSE), de que trata a Lei n. 13.189, de 19 de novembro de 2015;

V — plano de cargos, salários e funções compatíveis com a condição pessoal do empregado, bem como identificação dos cargos que se enquadram como funções de confiança;

VI — regulamento empresarial;

VII — representante dos trabalhadores no local de trabalho;

VIII — teletrabalho, regime de sobreaviso, e trabalho intermitente;

IX — remuneração por produtividade, incluídas as gorjetas percebidas pelo empregado, e remuneração por desempenho individual;

X — modalidade de registro de jornada de trabalho;

XI — troca do dia de feriado;

XII — enquadramento do grau de insalubridade e prorrogação de jornada em locais insalubres, incluída a possibilidade de contratação de perícia, afastada a licença prévia das autoridades competentes do Ministério do Trabalho, desde que respeitadas, na integralidade, as normas de saúde, higiene e segurança do trabalho previstas em lei ou em normas regulamentadoras do Ministério do Trabalho;

XIII — prorrogação de jornada em ambientes insalubres, sem licença prévia das autoridades competentes do Ministério do Trabalho;

XIV — prêmios de incentivo em bens ou serviços, eventualmente concedidos em programas de incentivo;

XV — participação nos lucros ou resultados da empresa.

§ 1º No exame da convenção coletiva ou do acordo coletivo de trabalho, a Justiça do Trabalho observará o disposto no § 3º do art. 8º desta Consolidação.

§ 2º A inexistência de expressa indicação de contrapartidas recíprocas em convenção coletiva ou acordo coletivo de trabalho não ensejará sua nulidade por não caracterizar um vício do negócio jurídico.

§ 3º Se for pactuada cláusula que reduza o salário ou a jornada, a convenção coletiva ou o acordo coletivo de trabalho deverão prever a proteção dos empregados contra dispensa imotivada durante o prazo de vigência do instrumento coletivo.

§ 4º Na hipótese de procedência de ação anulatória de cláusula de convenção coletiva ou de acordo coletivo de trabalho, quando houver a cláusula compensatória, esta deverá ser igualmente anulada, sem repetição do indébito.

§ 5º Os sindicatos subscritores de convenção coletiva ou de acordo coletivo de trabalho participarão, como litisconsortes necessários, em ação coletiva que tenha como objeto a anulação de cláusulas desses instrumentos, vedada a apreciação por ação individual.

Art. 611-B. Constituem objeto ilícito de convenção coletiva ou de acordo coletivo de trabalho, exclusivamente, a supressão ou a redução dos seguintes direitos:

I — normas de identificação profissional, inclusive as anotações na Carteira de Trabalho e Previdência Social;

II — seguro-desemprego, em caso de desemprego involuntário;

III — valor dos depósitos mensais e da indenização rescisória do Fundo de Garantia do Tempo de Serviço (FGTS);

IV — salário mínimo;

V — valor nominal do décimo terceiro salário;

VI — remuneração do trabalho noturno superior à do diurno;

VII — proteção do salário na forma da lei, constituindo crime sua retenção dolosa;

VIII — salário-família;

IX — repouso semanal remunerado;

X — remuneração do serviço extraordinário superior, no mínimo, em 50% (cinquenta por cento) à do normal;

XI — número de dias de férias devidas ao empregado;

XII — gozo de férias anuais remuneradas com, pelo menos, um terço a mais do que o salário normal;

XIII — licença-maternidade com a duração mínima de cento e vinte dias;

XIV — licença-paternidade nos termos fixados em lei;

XV — proteção do mercado de trabalho da mulher, mediante incentivos específicos, nos termos da lei;

XVI — aviso-prévio proporcional ao tempo de serviço, sendo no mínimo de trinta dias, nos termos da lei;

XVII — normas de saúde, higiene e segurança do trabalho previstas em lei ou em normas regulamentadoras do Ministério do Trabalho;

XVIII — adicional de remuneração para as atividades penosas, insalubres ou perigosas;

XIX — aposentadoria;

XX — seguro contra acidentes de trabalho, a cargo do empregador;

XXI — ação, quanto aos créditos resultantes das relações de trabalho, com prazo prescricional de cinco anos para os trabalhadores urbanos e rurais, até o limite de dois anos após a extinção do contrato de trabalho;

XXII — proibição de qualquer discriminação no tocante a salário e critérios de admissão do trabalhador com deficiência;

XXIII — proibição de trabalho noturno, perigoso ou insalubre a menores de dezoito anos e de qualquer trabalho a menores de dezesseis anos, salvo na condição de aprendiz, a partir de quatorze anos;

XXIV — medidas de proteção legal de crianças e adolescentes;

XXV — igualdade de direitos entre o trabalhador com vínculo empregatício permanente e o trabalhador avulso;

XXVI — liberdade de associação profissional ou sindical do trabalhador, inclusive o direito de não sofrer, sem sua expressa e prévia anuência, qualquer cobrança ou desconto salarial estabelecidos em convenção coletiva ou acordo coletivo de trabalho;

XXVII — direito de greve, competindo aos trabalhadores decidir sobre a oportunidade de exercê-lo e sobre os interesses que devam por meio dele defender;

XXVIII — definição legal sobre os serviços ou atividades essenciais e disposições legais sobre o atendimento das necessidades inadiáveis da comunidade em caso de greve;

XXIX — tributos e outros créditos de terceiros;

XXX — as disposições previstas nos arts. 373-A, 390, 392, 392-A, 394, 394-A, 395, 396 e 400 desta Consolidação.

Parágrafo único. Regras sobre duração do trabalho e intervalos não são consideradas como normas de saúde, higiene e segurança do trabalho para os fins do disposto neste artigo.

O § 3º do art. 614, veda, de forma expressa, a ultratividade. Toda a celeuma foi provocada em razão da repentina alteração da Súmula n. 277/TST e as decisões do STF.

§ 3º Não será permitido estipular duração de convenção coletiva ou acordo coletivo de trabalho superior a dois anos, sendo vedada a ultratividade.

Tendo em vista a maior especificidade do acordo coletivo, bem como a teoria do conglobamento que veda o pinçamento de normas mais benéficas, o art. 620 passa a dispor que:

Art. 620. As condições estabelecidas em acordo coletivo de trabalho sempre prevalecerão sobre as estipuladas em convenção coletiva de trabalho.

Interessante notar a alteração repentina de entendimento que foi articulada pelo Tribunal Superior do Trabalho em setembro de 2012 quando decidiu alterar a Súmula n. 277.

Na oportunidade critiquei a alteração que foi implementada[12], tanto em razão de sua forma quanto em razão de seu conteúdo, ao escrever o artigo: "TST decreta a morte da negociação coletiva", que foi citado pelo Senador Ricardo Ferraço no parecer da Reforma Trabalhista.

Na segunda semana de setembro de 2012 o Tribunal Superior do Trabalho promoveu a "Semana do TST", com o objetivo de modernizar e rever a Jurisprudência e o Regimento Interno do Tribunal.

---

(12) VEIGA, Mauricio de Figueiredo Corrêa da. A morte da negociação coletiva provocada pela nova redação da Súmula n. 277 do TST. *Revista LTr: Legislação do Trabalho*, São Paulo, v. 78, n. 10, p. 1172, out. 2012.

Pode-se dizer que o resultado apresentado após o conclave foi positivo tendo em vista a manifesta necessidade de atualização dos verbetes jurisprudenciais e de pacificação dos temas controvertidos, fazendo com que as sessões de julgamento ganhem celeridade com a sedimentação de determinados entendimentos.

Contudo, dentre as alterações apresentadas, uma parece que provocará consequências, no mínimo, polêmicas: a nova redação da Súmula n. 277.

De uma hora para outra o entendimento jurisprudencial sofreu uma guinada de 180º, sem que tivesse havido qualquer sinalização indicativa da radical mudança. Em suma, até hoje, as decisões eram tomadas em um sentido e a partir da publicação da nova redação do verbete sumular o entendimento será em sentido diametralmente oposto.

Até a publicação da alteração do verbete sumular no Diário de Justiça (ocorrida nos dias 25, 26 e 27 de setembro de 2012), a Súmula n. 277 do TST estava vigente nos seguintes termos. *Verbis*:

> SÚMULA N. 277. SENTENÇA NORMATIVA, CONVENÇÃO OU ACORDO COLETIVOS. VIGÊNCIA. REPERCUSSÃO NOS CONTRATOS DE TRABALHO (Redação alterada na sessão do Tribunal Pleno em 16.11.2009)
>
> I — As condições de trabalho alcançadas por força de sentença normativa, convenção ou acordos coletivos vigoram no prazo assinado, não integrando, de forma definitiva, os contratos individuais de trabalho.
>
> II — Ressalva-se a regra enunciada no item I o período compreendido entre 23.12.1992 e 28.7.1995, em que vigorou a Lei n. 8.542, revogada pela Medida Provisória n. 1.709, convertida na Lei n. 10.192, de 14.2.2001 (Resolução n. 161/09 — DEJT 20.11.2009)

Dispõe o art. 616, § 3º, da CLT que *havendo convenção, acordo ou sentença normativa em vigor, o dissídio coletivo deverá ser instaurado dentro dos sessenta dias anteriores ao respectivo termo final, para que o novo instrumento possa ter vigência no dia imediato a esse termo.*

Outrossim, um dos requisitos das convenções e acordos coletivos é a estipulação do prazo de sua vigência que não poderá ser superior a 2 anos (arts. 613, II, e 614, § 3º, da CLT)[13].

---

(13) Art. 613. As Convenções e os Acordos deverão conter obrigatoriamente: [...] II — prazo de vigência.

A sentença normativa também deverá conter prazo de vigência a ser fixado pelo Tribunal, sendo que neste caso o período não poderá ser superior a 4 anos, nos termos do art. 868, parágrafo único, da CLT.

O posicionamento histórico da Justiça do Trabalho, seja por meio da Jurisprudência, seja por meio da doutrina, sempre foi no sentido de que as estipulações previstas em normas coletivas não se incorporam ao contrato de trabalho, na medida em que terão sua vigência atrelada à duração do instrumento (norma coletiva ou sentença normativa), conforme se infere dos seguintes arestos. *Verbis*:

> As cláusulas normativas se sustentam no prazo de vigência da sentença coletiva que as contém. Se extinta a vigência desta, opera-se o retorno ao *status quo ante*, se as novas condições de trabalho não se dilatarem em dissídio subsequente.
>
> (TST — 1ª Turma — RR 4257/84 — Rel. Min. Ildélio Martins — DJ 14.11.1985)
>
> RECURSO DE REVISTA. RITO SUMARÍSSIMO. NORMA COLETIVA. RETROATIVIDADE. INVALIDADE.
>
> Dispõe o art. 614, § 1º, da CLT que as Convenções e os Acordos entrarão em vigor 3 (três) dias após a data da entrega dos mesmos no órgão referido neste artigo. Da exegese desse dispositivo, verifica-se que as estipulações somente valem para o futuro, porquanto se a Lei condiciona a vigência dos ajustes coletivos a aspectos formais, seria incoerente pensar que condições de trabalho relativas a situações fáticas já consumadas pudessem ser estipuladas posteriormente, principalmente para retirar direitos dos trabalhadores. Ademais, a questão da teoria da ultratividade, antes controvertida, encontra-se superada nesta Corte Superior pela Súmula n. 277, que dispõe: — As condições de trabalho alcançadas por força de sentença normativa vigoram no prazo assinado, não integrando, de forma definitiva, os contratos —, Diretriz igualmente aplicável aos acordos e convenções coletivas. E mais, a jurisprudência do c. TST vem se posicionando no sentido de que cláusula convencional dispondo sobre situação já

Art. 614. Os Sindicatos convenentes ou empresas acordantes promoverão, conjunta ou separadamente, dentro de 8 (oito) dias da assinatura da Convenção ou Acordo, o depósito de uma via do mesmo, para fins de registro e arquivo, no Departamento Nacional do Trabalho (atualmente Secretaria de Emprego e Salário), em se tratando de instrumento de caráter nacional ou interestadual, ou nos órgãos regionais do Ministério do Trabalho, nos demais casos. [...] § 3º Não será permitido estipular duração de Convenção ou Acordo superior a 2 (dois) anos.

consumada anteriormente à sua vigência ofende o princípio constitucional do direito adquirido. Nessa linha de raciocínio, decerto que é inviável emprestar eficácia retroativa a norma coletiva. Precedentes. Recurso conhecido e provido.

(RR — 1772-20.2010.5.18.0002, Relatora Desembargadora Convocada: Maria das Graças Silvany Dourado Laranjeira, 3ª Turma, Data de Publicação: 10.8.2012)

(...) NORMA COLETIVA — ULTRATIVIDADE — IMPOSSIBILIDADE.

As condições de trabalho alcançadas por força de acordo ou convenção coletiva vigoram apenas pelo prazo assinalado na norma, não se integrando, em definitivo, aos contratos individuais de trabalho. Incide a Súmula n. 277 do TST. Recurso de revista conhecido e provido.

(RR — 43500-32.2007.5.05.0641, Relator Ministro: Luiz Philippe Vieira de Mello Filho, 4ª Turma, Data de Publicação: 17.8.2012)

A doutrina se posiciona neste mesmo sentido há muito tempo, valendo destacar o magistério de Francisco Antônio de Oliveira[14]. *Verbis*:

> Em se cuidando de convenção ou acordo coletivo, nada impede que as partes convenentes avencem que determinada cláusula se amalgamará ao contrato de trabalho da categoria. Ter-se-ia aí a aplicação da cláusula *pacta sunt servanda*. **Todavia, a regra é de que extinguindo-se a convenção ou o acordo coletivo, as suas cláusulas também perdem a eficácia normativa e se extinguem**.

Ao discorrer acerca das convenções e acordos coletivos a magistrada Maria Inês Moura S. A. da Cunha[15] faz referência ao verbete aqui discutido e afirma que "Embora o entendimento possa parecer injusto, visto que, eventualmente, o trabalhador terá sua situação piorada, de um para outro período, parece-nos adequada a interpretação jurisprudencial. De fato, a tendência moderna é a de flexibilização, retirando-se o trabalhador da tutela estatal, para completa atuação de uma tutela sindical. Embora reconheçamos as falhas do sistema sindical brasileiro, bem como o despreparo de algumas entidades para atuarem, plenamente, em tal nível, o certo é que o aperfeiçoamento dos mecanis-

---

(14) OLIVEIRA, Francisco Antônio de. *Comentários aos enunciados do TST*. 3. ed. São Paulo: Revista dos Tribunais, 1996. p. 669.
(15) CUNHA, Maria Inês Moura S. A. da. *Direito do trabalho*. 3. ed. São Paulo: Saraiva, 2004. p. 227.

mos de autocomposição apenas trará benefícios à classe social trabalhadora. Considerando um país como o nosso, de dimensões territoriais continentais, em permanente crise econômica, e sujeito a tantos contrastes, **a interpretação dada pelo Tribunal Superior do Trabalho possibilita a negociação, de modo amplo, de sorte que as partes levem em conta, a cada momento, não apenas as contingências estruturais, mas as conjunturais, de sorte a encontrar soluções de consenso**, levando em consideração os fatores existentes no momento da negociação".

O saudoso mestre Valentin Carrion[16] afirmava que a permanência definitiva das vantagens conquistadas por força de instrumento coletivo era repelida pela doutrina europeia e considerável parte da doutrina brasileira, entre eles Campos Batalha e Orlando Gomes. "A incorporação definitiva aos contratos individuais é repelida por Octavio Bueno Magano (*Convenção Coletiva de Trabalho*) e Arion Sayão Romita. O argumento de que todas as vantagens se integram definitivamente no patrimônio do empregado é verdadeiro apenas em parte, pois, tratando-se de norma provisória (a termo) e de alteração promovida pela fonte de direito que a institui e não mero capricho do empregador, o princípio se enfraquece".

O advogado Thiago Chohfi[17] defende, com propriedade, que o direito e o dever previstos na norma coletiva se esgotam quando expirada a validade desta e que "Os problemas surgem quando determinado direito negociado não é renovado ao final de sua vigência, ou ainda quando a nova negociação reduz o que antes era mais proveitoso aos empregados". Neste caso, assevera Thiago, que "é comum ouvir comentários (leigos) no sentido de que o empregado, nestas hipóteses, teria direito adquirido àquela cláusula mais benéfica não mais vigente, ou mesmo que o empregador estaria obrigado a manter o direito mais favorável (anterior), para não ofender a regra do art. 468 da CLT, que veda alterações contratuais prejudiciais aos empregados, considerando-as nulas de pleno direito".

O autor menciona que esta diretriz ganhou força em alguns poucos Tribunais em razão da previsão contida no § 2º do art. 114 da CRFB, porém, a questão é pacífica no TST em razão da previsão contida na Súmula n. 277, concluindo o advogado que "há de se ter cautela em tais conclusões precipitadas, pois a norma coletiva não gera direito adquirido para os empregados, sendo que, esgotada sua vigência, não mais deverá, como regra, produzir efeitos nos contratos individuais de trabalho".

---

(16) CARRION, Valentin. *Comentários à consolidação das leis do trabalho*. 32. ed. São Paulo: Saraiva, 2007. p. 474.
(17) CHOHFI, Thiago; CHOHFI Marcelo. *Relações sindicais e negociações trabalhistas*. 1. ed. Rio de Janeiro: Forense, 2011. p. 56-57.

Contudo, este entendimento pacífico e já consagrado nas decisões do TST mudou da noite para o dia, sem que houvesse qualquer sinalização jurisprudencial neste sentido.

A partir da publicação da alteração (implementada em definitivo no dia 27 de setembro de 2012), a redação da Súmula n. 277 passou a vigorar com o seguinte teor. *Verbis:*

> SÚMULA N. 277. CONVENÇÃO COLETIVA DE TRABALHO OU ACORDO COLETIVO DE TRABALHO. EFICÁCIA. ULTRATIVIDADE.
>
> As cláusulas normativas dos acordos coletivos ou convenções coletivas integram os contratos individuais de trabalho e somente poderão ser modificadas ou suprimidas mediante negociação coletiva de trabalho.

A alteração muda radicalmente a Jurisprudência Trabalhista.

Ressalte-se que a alteração de entendimento jurisprudencial é algo que ocorre com grande frequência quando se trata de normas trabalhistas. Porém, sempre há um amadurecimento de ideias e um debate salutar antes da concretização do novo entendimento.

Neste caso não foi o que ocorreu, tendo em vista a repentina alteração sem que o TST tivesse produzido um único precedente neste sentido, pois respeitava a redação da Súmula n. 277 que afastava a incorporação dos benefícios depois de expirada a vigência da norma coletiva.

Conforme pode ser visto, a extinção da convenção ou do acordo coletivo acarretaria a perda de eficácia de suas cláusulas, razão pela qual se fosse o desejo das partes que as referidas previsões normativas se perpetuassem, deveriam ter que reinseri-las no instrumento normativo subsequente.

Todavia, de forma inesperada, a Jurisprudência, de repente, foi alterada, sendo que a partir da publicação da alteração da Súmula n. 277, os benefícios previstos em convenção ou acordo coletivo continuarão vigentes até que as partes celebrem novo instrumento coletivo.

Diante desta abrupta mudança de entendimento, algumas consequências desastrosas poderão ocorrer.

As empresas se sentirão absolutamente desconfortáveis em conceder qualquer tipo de benefício além daqueles já contemplados na legislação trabalhista, pois se forem concedidos por meio de norma coletiva poderão se incorporar ao contrato de trabalho dos empregados.

A cada nova rodada de negociações os empregados (ou seus representantes) já partirão de um patamar de grande conforto, pois dificilmente terão reduzidos os benefícios assegurados na norma coletiva anterior e se o empregador não fornecer novo benefício pelo menos aquele já está assegurado.

Portanto, o que o empregador "flexibilizou" em favor do empregado, em um determinado momento, se transformará em direito adquirido para aquele funcionário e neste caso o que ocorrerá na prática é a punição daquele bom empregador que concedia a seus empregados mais do que o mínimo garantido pela legislação.

Ao defender a limitação dos benefícios ao tempo de duração dos instrumentos coletivos, Eduardo Gabriel Saad[18] afirma que "Em primeiro lugar, temos de reconhecer que os ajustes coletivos perderão, muito depressa, sua utilidade, na composição de interesses da empresa e dos seus empregados, se suas disposições aderirem irremissivelmente ao contrato individual de trabalho. Depois de uma ou duas convenções coletivas, pouca coisa restará para ser disciplinada (...). Além disso, as empresas relutarão em concluir tais pactos coletivos, por temerem consequências que se tornem imutáveis. Na atual conjuntura, sempre a empresa julgará preferível levar o conflito à Justiça do Trabalho, porque a sentença normativa — apesar do comportamento às vezes pouco dogmático dos Tribunais do Trabalho, à luz da Constituição — não se aventura a fazer incursões muito profundas no mundo do trabalho, como as Convenções e Acordos soem fazer".

Não se pode perder de vista que os benefícios conquistados pelos empregados e inseridos na norma coletiva estão diretamente ligados ao momento da negociação. Na negociação seguinte a conjuntura econômica pode ser outra, tornando-se necessário que as discussões sejam iniciadas em um patamar de igualdade e não com uma vantagem assegurada aos empregados em situação pretérita.

Neste sentido é lapidar a conclusão de Maria Inês Moura S. A. da Cunha[19] ao asseverar que as "cláusulas benéficas serão mantidas ou substituídas por outras não tão benéficas, de acordo com as necessidades de momento, **atendendo não apenas aos trabalhadores, mas também à situação econômico-financeira das empresas que, muitas vezes, não poderão manter altos patamares de benefícios, sob pena de verem comprometido seu funcionamento, o que resultaria catastrófico, posto que poderia, inclusive, levar ao desemprego**".

---

(18) SAAD, Eduardo Gabriel. *CLT comentada*. 37. ed. São Paulo: LTr, 2004. p. 456.
(19) CUNHA, Maria Inês Moura S. A. da. *Direito do trabalho*. 3. ed. São Paulo: Saraiva, 2004. p. 227-228.

Ao citar trabalho de autoria do Ministro Orlando Teixeira da Costa, Valentin Carrion[20] pondera que princípios contemporâneos se opõem à sobrevida dos efeitos das normas coletivas mortas, pois é essencial propiciar condições para conceder "todo prestígio à convenção coletiva nova, facilitando-a, e o princípio da flexibilização, que tem por finalidade a adaptação das normas às necessidades da produção e combate ao desemprego".

Portanto, a alteração da jurisprudência além de inibir a negociação coletiva, poderá provocar uma onda nacional de desemprego, bem como a ruína de empresários, principalmente os micro e pequenos empreendedores que são os responsáveis pela manutenção de grande parte dos empregos em território nacional.

O desemprego é motivo de preocupação mundial, conforme externado pelo Ministro Lélio Bentes Corrêa[21] ao analisar a profundidade dos efeitos da crise econômica sobre as pessoas e ressaltar "a importância da iniciativa da OIT, que propõe a seus países-membros envidar esforços urgentes a fim de promover uma recuperação econômica produtiva, centrada no investimento, no emprego e na proteção social".

As alterações jurisprudenciais e legislativas devem ter como objetivo principal a cultura da harmonia das relações sociais, o que não se vislumbra no presente caso no qual o resultado será o oposto, qual seja, o conflito destas relações que em razão de sua própria natureza já são conflituosas e por esta razão necessitam de medidas pacificadoras.

A nova construção jurisprudencial pode até ter tido a intenção de fomentar a negociação coletiva, mas na prática irá provocar a sua extinção, tendo em vista que o empresário estará sempre com a "faca em seu pescoço".

Não é a primeira vez — e também não será a última — que a consolidação de uma Jurisprudência desagrada determinado seguimento.

Contudo, no caso presente uma peculiaridade deve ser destacada.

É que a alteração jurisprudencial foi de um extremo a outro sem que houvesse precedente jurisprudencial para embasar a repentina mudança.

De acordo com a antiga redação da Súmula n. 277/TST, a cláusula coletiva que estipulasse benefícios teria sua vigência limitada à duração do próprio instrumento que, por força de lei, tem prazo determinado.

---

(20) CARRION, Valentin. *Comentários à consolidação das leis do trabalho*. 32. ed. São Paulo: Saraiva, 2007. p. 474.
(21) CORRÊA, Lélio Bentes. A crise econômica e o pacto mundial pelo emprego da organização internacional do trabalho. In: *Direitos coletivos do trabalho na visão do TST. Homenagem ao ministro Rider Nogueira de Brito*. São Paulo: LTr, 2011. p. 110.

A alteração promovida recentemente contempla entendimento diverso, pois assegura a incorporação do benefício até que outra norma coletiva o substitua, sendo que entre um entendimento e outro não foi proferida decisão neste sentido apta a sustentar a alteração jurisprudencial.

Diante deste quadro, faz-se necessário apontar qual seria a medida para se discutir a alteração.

Quando o Tribunal Superior do Trabalho editou a Orientação Jurisprudencial n. 345[22], a Confederação Nacional da Saúde ajuizou Arguição de Descumprimento de Preceito Fundamental (ADPF) no Supremo Tribunal Federal, sob o argumento no qual a extensão do adicional de periculosidade a trabalhadores expostos à radiação ionizante sem a existência de lei que assegure o referido benefício, implicava em usurpação de competência legislativa pelo Tribunal Superior do Trabalho.

A referida ação foi tombada sob o n. 229 e relatada pelo Ministro Ricardo Lewandowski que negou seguimento à ADPF assinalando que o Plenário do Pretório Excelso, ao julgar a ADPF n. 80, assentou que as orientações jurisprudenciais não consubstanciam atos do Poder Público para fins de impugnação por meio de arguição de descumprimento de preceito fundamental, na medida em que o enunciado de súmula representa somente a expressão de entendimentos reiterados da Corte, passíveis de revisão paulatina.

Esse é o ponto a ser analisado.

Apesar de os precedentes mencionados afirmarem expressamente as razões de não cabimento de ADPF para impugnação de enunciado de súmula, no presente caso o que ocorreu foi a criação de uma súmula sem precedentes que originassem a alteração proposta.

Com efeito, o enunciado de súmula ou de orientação jurisprudencial tem como pressuposto básico o amadurecimento da tese debatida pelo Tribunal, mesmo que a fixação do precedente tenha se dado por maioria apertada.

A condição para a criação — ou alteração — de uma súmula é a existência não apenas de um debate prévio, mas sim de decisões reiteradas naquele sentido.

No caso em discussão não há que se falar em precedentes reiterados, na medida em que a alteração proposta pelo Tribunal não se pautou em um precedente concreto.

---

(22) A OJ n. 345 trata da concessão do adicional de periculosidade a trabalhadores expostos a radiação ionizante, não prevista em lei, mas sim em Norma Regulamentar do Ministério do Trabalho e Emprego.

Desta forma, diante das singularidades constantes no presente caso, parece que a única forma de se impugnar a alteração do enunciado da súmula será por meio do ajuizamento de ADPF perante o STF, o que veio a ocorrer dois anos após a abrupta mudança na Jurisprudência.

No dia 14.10.2016, o Ministro Gilmar Mendes, do Supremo Tribunal Federal (STF), concedeu medida cautelar para suspender todos os processos e efeitos de decisões no âmbito da Justiça do Trabalho que discutam a aplicação da ultratividade de normas de acordos e de convenções coletivas.

A decisão, que até o fechamento da edição do presente livro não tinha sido referendada pelo Plenário do STF, foi proferida na Arguição de Descumprimento de Preceito Fundamental (ADPF) n. 323, ajuizada pela Confederação Nacional dos Estabelecimentos de Ensino (Confenen), questionando exatamente o conteúdo da Súmula n. 277 do Tribunal Superior do Trabalho.

A tese do reclamante era a de que ao estabelecer que as cláusulas previstas em convenções ou acordos coletivos integram os contratos individuais de trabalho, depois de expirada sua validade, o verbete sumular do TST contraria os preceitos constitucionais da separação dos Poderes (art. 2º da Constituição Federal) e da legalidade (art. 5º, II).

Desta forma, a alteração jurisprudencial promovida pela mais alta Corte Trabalhista desprezou que o debate relativo aos efeitos jurídicos das cláusulas coletivas no tempo sempre esteve localizado no plano infraconstitucional, fato evidenciado pela edição da Lei n. 8.542/1992, que tratou do tema, mas foi revogada. Além disso, a teoria da ultratividade das normas coletivas esteve condicionada à existência de lei, não podendo ser extraída diretamente do texto constitucional.

A medida liminar foi concedida sob o fundamento no qual, "da análise do caso extrai-se indubitavelmente que se tem como insustentável o entendimento jurisdicional conferido pelos tribunais trabalhistas ao interpretar arbitrariamente a norma constitucional".

Foi ressaltado que a suspensão do andamento de processos que tratam do tema é uma medida extrema que deve ser adotada em circunstâncias especiais, tão somente.

No intuito de se manter um mínimo de equilíbrio entre as relações sociais é imprescindível que haja uma sinalização de mudança, pois a alteração brusca e repentina provoca consequências desastrosas, principalmente quando se trata de uma alteração de posicionamento jurisprudencial sem que o tema fosse debatido e sem a existência de precedentes que pudessem respaldar tal mudança.

Desta forma, tem-se que:

a) A Súmula n. 277 estabelecia que as estipulações previstas em normas coletivas não se incorporam ao contrato de trabalho, na medida em que terão sua vigência atrelada à duração do instrumento coletivo;

b) O Tribunal Superior do Trabalho, em respeito a sua Jurisprudência consubstanciada no referido verbete sumular sempre pautou suas decisões neste sentido;

c) Repentinamente, sem que houvesse precedente jurisprudencial, a previsão contida na Súmula n. 277 mudou radicalmente;

d) O bom empregador será punido, na medida em que o que foi "flexibilizado" em favor do empregado, em um determinado momento, se transformará em direito adquirido para aquele funcionário;

e) Questionamento de verbete sumular não consubstancia ato do Poder Público para fins de impugnação por meio de Arguição de Descumprimento de Preceito Fundamental (ADPF). Porém, a cristalização de um "enunciado de súmula" **pressupõe** a consolidação de entendimentos reiterados da Corte, passíveis de revisão paulatina, o que, efetivamente, não ocorreu no presente caso, a ensejar a possibilidade de ajuizamento de ADPF perante o STF;

f) A petrificação das disposições contidas em um ajuste coletivo provocará o fim de sua utilidade social;

g) Com a castração da negociação coletiva haverá considerável aumento de demandas submetidas ao Poder Judiciário, na contramão de toas as intenções atualmente pregadas em sentido oposto;

h) Outra consequência será o aumento da taxa de desemprego em razão da impossibilidade de os patrões poderem arcar com os altos patamares de benefícios.

2.26. *Multas administrativas*

O art. 634 da CLT dispõe acerca das multas administrativas, tendo sido incluído o § 2º ao texto legal:

> § 2º Os valores das multas administrativas expressos em moeda corrente serão reajustados anualmente pela Taxa Referencial (TR), divulgada pelo Banco Central do Brasil, ou pelo índice que vier a substituí-lo.

2.27. Homologação de acordos extrajudiciais

Em relação à competência das Varas do Trabalho, foi acrescida a alínea *f* ao art. 652 da CLT:

> f) decidir quanto à homologação de acordo extrajudicial em matéria de competência da Justiça do Trabalho.

2.28. Competência do TST

A criação ou alteração de verbetes jurisprudenciais passa a ser restringida, diante da nova redação da alínea *f* do art. 702 da CLT:

> f) estabelecer ou alterar súmulas e outros enunciados de jurisprudência uniforme, pelo voto de pelo menos dois terços de seus membros, caso a mesma matéria já tenha sido decidida de forma idêntica por unanimidade em, no mínimo, dois terços das turmas em pelo menos dez sessões diferentes em cada uma delas, podendo, ainda, por maioria de dois terços de seus membros, restringir os efeitos daquela declaração ou decidir que ela só tenha eficácia a partir de sua publicação no Diário Oficial.

Ficam incluídos os §§ 3º e 4º:

> § 3º As sessões de julgamento sobre estabelecimento ou alteração de súmulas e outros enunciados de jurisprudência deverão ser públicas, divulgadas com, no mínimo, trinta dias de antecedência, e deverão possibilitar a sustentação oral pelo Procurador-Geral do Trabalho, pelo Conselho Federal da Ordem dos Advogados do Brasil, pelo Advogado-Geral da União e por confederações sindicais ou entidades de classe de âmbito nacional.

> § 4º O estabelecimento ou a alteração de súmulas e outros enunciados de jurisprudência pelos Tribunais Regionais do Trabalho deverão observar o disposto na alínea *f* do inciso I e no § 3º deste artigo, com rol equivalente de legitimados para sustentação oral, observada a abrangência de sua circunscrição judiciária.

2.29. Prazos processuais

Influenciado pela alteração do CPC, os prazos trabalhistas passam a ser contados em dias úteis:

Art. 775. Os prazos estabelecidos neste Título serão contados em dias úteis, com exclusão do dia do começo e inclusão do dia do vencimento.

§ 1º Os prazos podem ser prorrogados, pelo tempo estritamente necessário, nas seguintes hipóteses:

I — quando o juízo entender necessário;

II — em virtude de força maior, devidamente comprovada.

§ 2º Ao juízo incumbe dilatar os prazos processuais e alterar a ordem de produção dos meios de prova, adequando-os às necessidades do conflito, de modo a conferir maior efetividade à tutela do direito.

2.30. Custas e emolumentos

Art. 789. Nos dissídios individuais e nos dissídios coletivos do trabalho, nas ações e procedimentos de competência da Justiça do Trabalho, bem como nas demandas propostas perante a Justiça Estadual, no exercício da jurisdição trabalhista, as custas relativas ao processo de conhecimento incidirão à base de 2% (dois por cento), observado o mínimo de R$ 10,64 (dez reais e sessenta e quatro centavos) e o máximo de quatro vezes o limite máximo dos benefícios do Regime Geral de Previdência Social, e serão calculadas: (...)

Alteram-se as regras para a concessão do benefício da justiça gratuita:

§ 3º É facultado aos juízes, órgãos julgadores e presidentes dos tribunais do trabalho de qualquer instância conceder, a requerimento ou de ofício, o benefício da justiça gratuita, inclusive quanto a traslados e instrumentos, àqueles que perceberem salário igual ou inferior a 40% (quarenta por cento) do limite máximo dos benefícios do Regime Geral de Previdência Social.

§ 4º O benefício da justiça gratuita será concedido **à parte** que comprovar insuficiência de recursos para o pagamento das custas do processo.

Houve alteração no tocante ao pagamento dos honorários periciais:

Art. 790-B. A responsabilidade pelo pagamento dos honorários periciais é da parte sucumbente na pretensão objeto da perícia, ainda que beneficiária da justiça gratuita.

§ 1º Ao fixar o valor dos honorários periciais, o juízo deverá respeitar o limite máximo estabelecido pelo Conselho Superior da Justiça do Trabalho.

§ 2º O juízo poderá deferir parcelamento dos honorários periciais.

§ 3º O juízo não poderá exigir adiantamento de valores para realização de perícias.

§ 4º Somente no caso em que o beneficiário da justiça gratuita não tenha obtido em juízo créditos capazes de suportar a despesa referida no *caput*, ainda que em outro processo, a União responderá pelo encargo.

2.31. *Honorários de sucumbência*

Art. 791-A. Ao advogado, ainda que atue em causa própria, serão devidos honorários de sucumbência, fixados entre o mínimo de 5% (cinco por cento) e o máximo de 15% (quinze por cento) sobre o valor que resultar da liquidação da sentença, do proveito econômico obtido ou, não sendo possível mensurá-lo, sobre o valor atualizado da causa.

§ 1º Os honorários são devidos também nas ações contra a Fazenda Pública e nas ações em que a parte estiver assistida ou substituída pelo sindicato de sua categoria.

§ 2º Ao fixar os honorários, o juízo observará:

I — o grau de zelo do profissional;

II — o lugar de prestação do serviço;

III — a natureza e a importância da causa;

IV — o trabalho realizado pelo advogado e o tempo exigido para o seu serviço.

§ 3º Na hipótese de procedência parcial, o juízo arbitrará honorários de sucumbência recíproca, vedada a compensação entre os honorários.

§ 4º Vencido o beneficiário da justiça gratuita, desde que não tenha obtido em juízo, ainda que em outro processo, créditos capazes de suportar a despesa, as obrigações decorrentes de sua sucumbência ficarão sob condição suspensiva de exigibilidade e somente poderão ser executadas se, nos dois anos subsequentes ao trânsito em julgado da decisão que as certificou, o credor demonstrar que deixou de existir a situação de insuficiência de recursos que justificou a concessão de gratuidade, extinguindo-se, passado esse prazo, tais obrigações do beneficiário.

§ 5º São devidos honorários de sucumbência na reconvenção.

2.32. *Responsabilidade por dano processual*

Art. 793-A. Responde por perdas e danos aquele que litigar de má-fé como reclamante, reclamado ou interveniente.

Art. 793-B. Considera-se litigante de má-fé aquele que:

I — deduzir pretensão ou defesa contra texto expresso de lei ou fato incontroverso;

II — alterar a verdade dos fatos;

III — usar do processo para conseguir objetivo ilegal;

IV — opuser resistência injustificada ao andamento do processo;

V — proceder de modo temerário em qualquer incidente ou ato do processo;

VI — provocar incidente manifestamente infundado;

VII — interpuser recurso com intuito manifestamente protelatório.

Art. 793-C. De ofício ou a requerimento, o juízo condenará o litigante de má-fé a pagar multa, que deverá ser superior a 1% (um por cento) e inferior a 10% (dez por cento) do valor corrigido da causa, a indenizar a parte contrária pelos prejuízos que esta sofreu e a arcar com os honorários advocatícios e com todas as despesas que efetuou.

§ 1º Quando forem dois ou mais os litigantes de má-fé, o juízo condenará cada um na proporção de seu respectivo interesse na causa ou solidariamente aqueles que se coligaram para lesar a parte contrária.

§ 2º Quando o valor da causa for irrisório ou inestimável, a multa poderá ser fixada em até duas vezes o limite máximo dos benefícios do Regime Geral de Previdência Social.

§ 3º O valor da indenização será fixado pelo juízo ou, caso não seja possível mensurá-lo, liquidado por arbitramento ou pelo procedimento comum, nos próprios autos.

Art. 793-D. Aplica-se a multa prevista no art. 793-C desta Consolidação à testemunha que intencionalmente alterar a verdade dos fatos ou omitir fatos essenciais ao julgamento da causa.

Parágrafo único. A execução da multa prevista neste artigo dar-se-á nos mesmos autos.

2.33. *Exceção de incompetência territorial*

Art. 800. Apresentada exceção de incompetência territorial no prazo de cinco dias a contar da notificação, antes da audiência e em peça que sinalize a existência desta exceção, seguir-se-á o procedimento estabelecido neste artigo.

§ 1º Protocolada a petição, será suspenso o processo e não se realizará a audiência a que se refere o art. 843 desta Consolidação até que se decida a exceção.

§ 2º Os autos serão imediatamente conclusos ao juiz, que intimará o reclamante e, se existentes, os litisconsortes, para manifestação no prazo comum de cinco dias.

§ 3º Se entender necessária a produção de prova oral, o juízo designará audiência, garantindo o direito de o excipiente e de suas testemunhas serem ouvidos, por carta precatória, no juízo que este houver indicado como competente.

§ 4º Decidida a exceção de incompetência territorial, o processo retomará seu curso, com a designação de audiência, a apresentação de defesa e a instrução processual perante o juízo competente.

2.34. *As provas*

Art. 818. O ônus da prova incumbe:

I — ao reclamante, quanto ao fato constitutivo de seu direito;

II — ao reclamado, quanto à existência de fato impeditivo, modificativo ou extintivo do direito do reclamante.

§ 1º Nos casos previstos em lei ou diante de peculiaridades da causa relacionadas à impossibilidade ou à excessiva dificuldade de cumprir o encargo nos termos deste artigo ou à maior facilidade de obtenção da prova do fato contrário, poderá o juízo atribuir o ônus da prova de modo diverso, desde que o faça por decisão fundamentada, caso em que deverá dar à parte a oportunidade de se desincumbir do ônus que lhe foi atribuído.

§ 2º A decisão referida no § 1º deste artigo deverá ser proferida antes da abertura da instrução e, a requerimento da parte, implicará o adiamento da audiência e possibilitará provar os fatos por qualquer meio em direito admitido.

§ 3º A decisão referida no § 1º deste artigo não pode gerar situação em que a desincumbência do encargo pela parte seja impossível ou excessivamente difícil.

2.35. *A reclamação trabalhista*

O art. 840 da CLT estabelece os requisitos da petição inicial.

§ 1º Sendo escrita, a reclamação deverá conter a designação do juízo, a qualificação das partes, a breve exposição dos fatos de que resulte o dissídio, o pedido, que deverá ser certo, determinado e com indicação de seu valor, a data e a assinatura do reclamante ou de seu representante.

§ 2º Se verbal, a reclamação será reduzida a termo, em duas vias datadas e assinadas pelo escrivão ou secretário, observado, no que couber, o disposto no § 1º deste artigo.

§ 3º Os pedidos que não atendam ao disposto no § 1º deste artigo serão julgados extintos sem resolução do mérito.

Após o processamento da reclamação trabalhista, a alteração promovida, diz respeito à contestação:

§ 3º Oferecida a contestação, ainda que eletronicamente, o reclamante não poderá, sem o consentimento do reclamado, desistir da ação.

2.36. *Preposto*

Art. 843.

§ 3º O preposto a que se refere o § 1º deste artigo não precisa ser empregado da parte reclamada.

2.37. *Audiência*

O art. 844 da CLT estabelece que o não comparecimento do reclamante à audiência importa no arquivamento da reclamação, enquanto que o não comparecimento da reclamada, importa revelia, além de confissão quanto à matéria de fato.

> § 1º Ocorrendo motivo relevante, poderá o juiz suspender o julgamento, designando nova audiência.
>
> § 2º Na hipótese de ausência do reclamante, este será condenado ao pagamento das custas calculadas na forma do art. 789 desta Consolidação, ainda que beneficiário da justiça gratuita, salvo se comprovar, no prazo de quinze dias, que a ausência ocorreu por motivo legalmente justificável.
>
> § 3º O pagamento das custas a que se refere o § 2º é condição para a propositura de nova demanda.
>
> § 4º A revelia não produz o efeito mencionado no *caput* deste artigo se:
>
> I — havendo pluralidade de reclamados, algum deles contestar a ação;
>
> II — o litígio versar sobre direitos indisponíveis;
>
> III — a petição inicial não estiver acompanhada de instrumento que a lei considere indispensável à prova do ato;
>
> IV — as alegações de fato formuladas pelo reclamante forem inverossímeis ou estiverem em contradição com prova constante dos autos.
>
> § 5º Ainda que ausente o reclamado, presente o advogado na audiência, serão aceitos a contestação e os documentos eventualmente apresentados.

O art. 847 da CLT fala da defesa oral, enquanto que o novel parágrafo único se adequa aos novos sistemas de informatização da Justiça do Trabalho:

> Parágrafo único. A parte poderá apresentar defesa escrita pelo sistema de processo judicial eletrônico até a audiência.

2.38. Incidente de desconsideração da personalidade jurídica

> Art. 855-A. Aplica-se ao processo do trabalho o incidente de desconsideração da personalidade jurídica previsto nos arts. 133 a 137 da Lei n. 13.105, de 16 de março de 2015 — Código de Processo Civil.
>
> § 1º Da decisão interlocutória que acolher ou rejeitar o incidente:
>
> I — na fase de cognição, não cabe recurso de imediato, na forma do § 1º do art. 893 desta Consolidação;
>
> II — na fase de execução, cabe agravo de petição, independentemente de garantia do juízo;
>
> III — cabe agravo interno se proferida pelo relator em incidente instaurado originariamente no tribunal.
>
> § 2º A instauração do incidente suspenderá o processo, sem prejuízo de concessão da tutela de urgência de natureza cautelar de que trata o art. 301 do CPC.

Importante esclarecer a disposição contida no CPC nos dispositivos invocados pela CLT:

> **Art. 133. O incidente de desconsideração da personalidade jurídica será instaurado a pedido da parte ou do Ministério Público, quando lhe couber intervir no processo.**
>
> **§ 1º O pedido de desconsideração da personalidade jurídica observará os pressupostos previstos em lei.**
>
> **§ 2º Aplica-se o disposto neste Capítulo à hipótese de desconsideração inversa da personalidade jurídica.**
>
> **Art. 134. O incidente de desconsideração é cabível em todas as fases do processo de conhecimento, no cumprimento de sentença e na execução fundada em título executivo extrajudicial.**
>
> **§ 1º A instauração do incidente será imediatamente comunicada ao distribuidor para as anotações devidas.**
>
> **§ 2º Dispensa-se a instauração do incidente se a desconsideração da personalidade jurídica for requerida na petição inicial, hipótese em que será citado o sócio ou a pessoa jurídica.**
>
> **§ 3º A instauração do incidente suspenderá o processo, salvo na hipótese do § 2º.**

§ 4º O requerimento deve demonstrar o preenchimento dos pressupostos legais específicos para desconsideração da personalidade jurídica.

Art. 135. Instaurado o incidente, o sócio ou a pessoa jurídica será citado para manifestar-se e requerer as provas cabíveis no prazo de 15 (quinze) dias.

Art. 136. Concluída a instrução, se necessária, o incidente será resolvido por decisão interlocutória.

Parágrafo único. Se a decisão for proferida pelo relator, cabe agravo interno.

Art. 137. Acolhido o pedido de desconsideração, a alienação ou a oneração de bens, havida em fraude de execução, será ineficaz em relação ao requerente.

2.39. Homologação de acordo extrajudicial

Art. 855-B. O processo de homologação de acordo extrajudicial terá início por petição conjunta, sendo obrigatória a representação das partes por advogado.

§ 1º As partes não poderão ser representadas por advogado comum.

§ 2º Faculta-se ao trabalhador ser assistido pelo advogado do sindicato de sua categoria.

Art. 855-C. O disposto neste Capítulo não prejudica o prazo estabelecido no § 6º do art. 477 desta Consolidação e não afasta a aplicação da multa prevista no § 8º art. 477 desta Consolidação.

Art. 855-D. No prazo de quinze dias a contar da distribuição da petição, o juiz analisará o acordo, designará audiência se entender necessário e proferirá sentença.

Art. 855-E. A petição de homologação de acordo extrajudicial suspende o prazo prescricional da ação quanto aos direitos nela especificados.

Parágrafo único. O prazo prescricional voltará a fluir no dia útil seguinte ao do trânsito em julgado da decisão que negar a homologação do acordo.

2.40. Execução

Art. 876.

Parágrafo único. A Justiça do Trabalho executará, de ofício, as contribuições sociais previstas na alínea *a* do inciso I e no inciso II do *caput* do art. 195 da Constituição Federal, e seus acréscimos legais, relativas ao objeto da condenação constante das sentenças que proferir e dos acordos que homologar.

Art. 878. A execução será promovida pelas partes, permitida a execução de ofício pelo juiz ou pelo Presidente do Tribunal apenas nos casos em que as partes não estiverem representadas por advogado.

Art. 879. [...]

§ 2º Elaborada a conta e tornada líquida, o juízo deverá abrir às partes prazo comum de oito dias para impugnação fundamentada com a indicação dos itens e valores objeto da discordância, sob pena de preclusão.

Importante ressaltar que na previsão anterior a abertura de vistas às partes era uma faculdade do juiz (poderá), enquanto que no presente diploma legal essa faculdade passa a ser um dever.

§ 7º A atualização dos créditos decorrentes de condenação judicial será feita pela Taxa Referencial (TR), divulgada pelo Banco Central do Brasil, conforme a Lei n. 8.177, de 1º de março de 1991.

2.41. Mandado e penhora

Art. 882. O executado que não pagar a importância reclamada poderá garantir a execução mediante depósito da quantia correspondente, atualizada e acrescida das despesas processuais, apresentação de seguro-garantia judicial ou nomeação de bens à penhora, observada a ordem preferencial estabelecida no art. 835 da Lei n. 13.105, de 16 de março de 2015 — Código de Processo Civil.

Art. 883-A. A decisão judicial transitada em julgado somente poderá ser levada a protesto, gerar inscrição do nome do executado em órgãos de proteção ao crédito ou no Banco Nacional de Devedores Trabalhistas (BNDT), nos termos da lei, depois de transcorrido o prazo de quarenta e cinco dias a contar da citação do executado, se não houver garantia do juízo.

2.42. Embargos à execução

> Art. 884. [...]
>
> § 6º A exigência da garantia ou penhora não se aplica às entidades filantrópicas e/ou àqueles que compõem ou compuseram a diretoria dessas instituições.

2.43. Recursos

O art. 896 trata do recurso de revista que é o recurso de natureza extraordinária e que será julgado pelo TST.

Dentre as obrigações da parte, foi inserida pela reforma trabalhista a necessidade de se:

> IV — transcrever na peça recursal, no caso de suscitar preliminar de nulidade de julgado por negativa de prestação jurisdicional, o trecho dos embargos declaratórios em que foi pedido o pronunciamento do tribunal sobre questão veiculada no recurso ordinário e o trecho da decisão regional que rejeitou os embargos quanto ao pedido, para cotejo e verificação, de plano, da ocorrência da omissão.

Foram revogados os §§ 3º, 4º, 5º e 6º do referido artigo.

O § 14 passar a constar com a seguinte redação:

> § 14. O relator do recurso de revista poderá denegar-lhe seguimento, em decisão monocrática, nas hipóteses de intempestividade, deserção, irregularidade de representação ou de ausência de qualquer outro pressuposto extrínseco ou intrínseco de admissibilidade.

O recurso de revista tem como missão a uniformização da jurisprudência trabalhista em âmbito nacional. A preliminar de negativa de prestação jurisdicional é a prerrogativa que detém a parte de ver analisados os pontos cruciais para o deslinde da controvérsia.

Tendo em vista a vedação do TST para analisar fatos e provas, caberá ao TRT, em última instância, a análise da matéria fática, até mesmo como forma de se prequestionar a matéria debatida.

Desta forma, para viabilizar a análise da preliminar de nulidade do julgado pelo TST, deverá a parte transcrever trecho dos embargos declaratórios no qual se requereu ao tribunal o pronunciamento acerca de questão veiculada no recurso ordinário, bem como o trecho da decisão regional que rejeitou os embargos. Trata-se, portanto, de novo pressuposto extrínseco de admissibilidade do apelo de natureza extraordinária.

Um dos pontos mais polêmicos da reforma trabalhista é o requisito da transcendência, ou seja, filtro recursal de cunho altamente subjetivo:

§ 1º São indicadores de transcendência, **entre outros**:

I — econômica, o elevado valor da causa;

II — política, o desrespeito da instância recorrida à jurisprudência sumulada do Tribunal Superior do Trabalho ou do Supremo Tribunal Federal;

III — social, a postulação, por reclamante-recorrente, de direito social constitucionalmente assegurado;

IV — jurídica, a existência de questão nova em torno da interpretação da legislação trabalhista.

§ 2º Poderá o relator, monocraticamente, denegar seguimento ao recurso de revista que não demonstrar transcendência, cabendo agravo desta decisão para o colegiado.

§ 3º Em relação ao recurso que o relator considerou não ter transcendência, o recorrente poderá realizar sustentação oral sobre a questão da transcendência, durante cinco minutos em sessão.

§ 4º Mantido o voto do relator quanto à não transcendência do recurso, será lavrado acórdão com fundamentação sucinta, que constituirá decisão irrecorrível no âmbito do tribunal.

§ 5º É irrecorrível a decisão monocrática do relator que, em agravo de instrumento em recurso de revista, considerar ausente a transcendência da matéria.

§ 6º O juízo de admissibilidade do recurso de revista exercido pela Presidência dos Tribunais Regionais do Trabalho limita-se à análise dos pressupostos intrínsecos e extrínsecos do apelo, não abrangendo o critério da transcendência das questões nele veiculadas.

Com efeito, a adoção da transcendência foi um dos pontos negativos da reforma trabalhista, na medida em que não houve qualquer debate acerca do tema entre aqueles que estão aptos para enfrentar a questão. Outrossim, o efeito prático desta modalidade de filtro recursal é inócuo, pois não terá o condão de diminuir os processos que serão julgados pela mais alta Corte trabalhista do país, mas apenas irá provocar a existência de mais um conflito, com possibilidade de sustentação oral da transcendência previamente ao mérito recursal.

Além disso, na medida em que a maioria dos processos que aportam no TST em dissídio individual são Agravos que visam destrancar Recursos de Revista denegados pelos Tribunais Regionais do Trabalho, os Ministros Relatores gozarão de um poder absoluto na apreciação do requisito da transcendência nos AIRRs, pois, na hipótese de denegado seguimento, a decisão será irrecorrível.

2.44. *Depósito recursal*

O depósito recursal é tratado no art. 899 da CLT, sendo que além do cancelamento do § 5º, foram alterados os seguintes parágrafos:

> § 4º O depósito recursal será feito em conta vinculada ao juízo e corrigido com os mesmos índices da poupança.
>
> § 9º O valor do depósito recursal será reduzido pela metade para entidades sem fins lucrativos, empregadores domésticos, microempreendedores individuais, microempresas e empresas de pequeno porte.
>
> § 10. São isentos do depósito recursal os beneficiários da justiça gratuita, as entidades filantrópicas e as empresas em recuperação judicial.
>
> § 11. O depósito recursal poderá ser substituído por fiança bancária ou seguro garantia judicial.

2.45. *Contribuições previdenciárias*

A MP n. 808/2017 inseriu o art. 911, que passa a vigorar com a seguinte redação:

> Art. 911-A. O empregador efetuará o recolhimento das contribuições previdenciárias próprias e do trabalhador e o depósito do FGTS com base nos valores pagos no período mensal e fornecerá ao empregado comprovante do cumprimento dessas obrigações.
>
> § 1º Os segurados enquadrados como empregados que, no somatório de remunerações auferidas de um ou mais empregadores no período de um mês, independentemente do tipo de contrato de trabalho, receberem remuneração inferior ao salário mínimo mensal, poderão

recolher ao Regime Geral de Previdência Social a diferença entre a remuneração recebida e o valor do salário mínimo mensal, em que incidirá a mesma alíquota aplicada à contribuição do trabalhador retida pelo empregador.

§ 2º Na hipótese de não ser feito o recolhimento complementar previsto no § 1º, o mês em que a remuneração total recebida pelo segurado de um ou mais empregadores for menor que o salário mínimo mensal não será considerado para fins de aquisição e manutenção de qualidade de segurado do Regime Geral de Previdência Social nem para cumprimento dos períodos de carência para concessão dos benefícios previdenciários.

3

Limites da Autonomia Negocial Coletiva Impostos pela Reforma

Antes mesmo da entrada em vigor da Lei n. 13.467/2017 em nosso ordenamento jurídico, em 11.11.2017, o Supremo Tribunal Federal já se posicionava no sentido de permitir a livre negociação sindical, conforme se infere das decisões proferidas nos autos do RE 590.415 e RE 895.759.

A Lei n. 13.467/2017 privilegia e assegura a autoridade das estipulações acordadas via negociação coletiva, porém impõe limites à autonomia negocial coletiva que não eram observados pelo Pretório Excelso, devendo ser observado que tais limites decorrem de princípios basilares de Direito do Trabalho, bem como de comandos contidos no art. 7º da Constituição Federal.

Deve ser ressaltado que passam a constituir objeto ilícito de convenção ou acordo coletivo de trabalho a supressão ou mesmo redução de direitos que passam a ser listados na nova legislação, como por exemplo, normas de identificação profissional, valor do 13º salário, remuneração do trabalho noturno, proteção ao salário, repouso semanal remunerado, número de dias de férias, proteção do mercado de trabalho da mulher, normas de saúde, higiene e segurança do trabalho, aposentadoria, dentre outras que estão enumeradas no art. 611-B e que serão analisadas adiante.

Nota-se, portanto, a intenção do legislador em definir, de forma exclusiva, as rubricas que não poderão ser negociadas e que não comportam sequer restrição.

3.1. Negociação coletiva

Os conflitos trabalhistas podem ser classificados em conflitos individuais e coletivos, segundo o interesse em choque, de indivíduos singularmente considerados ou de um grupo abstratamente compreendido. Os conflitos coletivos envolvem pessoas não determinadas, porém unidas em um ponto comum, enquanto que os individuais envolvem pessoas determinadas agindo no interesse próprio, direto e imediato.

Américo Plá Rodriguez afirma com propriedade que os princípios inerentes ao direito do trabalho são distintos daqueles que existem em outros ramos, tendo em vista a autonomia e peculiaridade que permeiam a seara trabalhista. Além disso, na lição do doutrinador uruguaio é asseverado que "um princípio é algo mais geral do que uma norma porque serve para inspirá-la, para entendê-la, para supri-la. E cumpre essa missão relativamente a número indeterminado de normas"[23].

Nota-se, portanto, que determinados princípios, de grandeza ou importância inquestionáveis, devem ser aplicados em determinados ramos do direito. Contudo, não têm aplicabilidade em outros, dependendo da especificidade e peculiaridade que envolvem o ramo jurídico.

No Direito do Trabalho torna-se imprescindível se fazer a distinção entre o direito individual e o direito coletivo, sob pena de se cometer grave injustiça, com real possibilidade de se tratar desiguais de forma igualitária.

No Direito Individual do Trabalho vigoram os princípios da proteção, com as regras do *in dubio pro operario*, da norma mais favorável e da condição mais benéfica; da irrenunciabilidade da continuidade da relação de emprego; da primazia da realidade; da razoabilidade; da boa-fé, dentre outros. Em razão de suas peculiaridades, no Direito Coletivo do Trabalho, outros princípios deverão ser levados em consideração, conforme será demonstrado.

Na definição de Fábio Goulart Villela, o Direito Coletivo do Trabalho é "o conjunto de regras, princípios e institutos que disciplinam as relações coletivas de trabalho e a organização e atuação coletiva dos respectivos sujeitos e de outros grupos jurídicos normativamente especificados"[24].

A negociação coletiva é modalidade de autocomposição de conflitos advinda do entendimento entre os interlocutores sociais[25].

---

(23) RODRIGUEZ, Américo Plá. *Princípios de direito do trabalho*. 3. ed. São Paulo: LTr, 2002. p. 37.
(24) VILLELA, Fábio Goulart. A negociação coletiva no contrato desportivo: realidade ou falácia? In: BASTOS, Guilherme Augusto Caputo (org.). *Direito do trabalho desportivo*. São Paulo: LTr, 2013. p. 312.
(25) BARROS, Alice Monteiro de. *Curso de direito do trabalho*. 9. ed. São Paulo: LTr, 2013. p. 989.

A Constituição da República Federativa do Brasil estabelece em seu art. 8º, inciso VI, a obrigatoriedade da participação dos sindicatos nas negociações coletivas, esclarecendo a professora Alice Monteiro de Barros que apesar da indicação de sindicatos, no plural, entende-se que a participação obrigatória nas negociações refere-se ao sindicato profissional.

A convenção coletiva é uma instituição do Direito Coletivo do Trabalho e pode ser definida como sendo um ajuste entre as entidades sindicais com o intuito de visar novas condições de trabalho. Sua eficácia é *erga omnes*.

O art. 611 da CLT estabelece que a convenção coletiva é "o acordo de caráter normativo, pelo qual dois ou mais Sindicatos representativos de categorias econômicas e profissionais estipulam condições de trabalho aplicáveis, no âmbito das respectivas representações, às relações individuais do trabalho".

O conceito acima destacado reforça a natureza tipicamente trabalhista da convenção coletiva de trabalho. Afirma o magistrado Marcelo Moura, que este instrumento normativo é lei em sentido material, ainda que seja, do ponto de vista formal, um negócio jurídico, determinado pelo ajuste de vontades.[26]

O § 1º do referido dispositivo consolidado define o acordo coletivo como sendo o ajuste celebrado entre "sindicatos representativos de categorias profissionais com uma ou mais empresas da correspondente categoria econômica estipulando condições de trabalho, aplicáveis no âmbito da empresa ou empresas acordantes".

As estipulações previstas na convenção agem direta e imediatamente nos contratos individuais de trabalho em curso, vinculando empregado e empregador, independentemente da vontade destes.

No Brasil, a organização sindical é feita por "categoria", conforme assevera Eduardo Pragmácio Filho, pois esta é a dicção do art. 8º, II, III e IV, da Constituição Federal, mas também pode ser feita no nível da empresa, pois a própria Carta Magna reconheceu os acordos coletivos em níveis de empresa (art. 7º, XXVI).[27]

É facultado aos sindicatos representativos de categorias profissionais celebrar acordos coletivos com uma ou mais empresas da correspondente categoria econômica, que estipulem condições de trabalho, aplicáveis no âmbito da empresa ou das acordantes das respectivas relações de trabalho, conforme dicção do art. 611, § 1º, da CLT.

---

(26) MOURA, Marcelo. *Curso de direito do trabalho*. São Paulo: Saraiva, 2014. p. 791.
(27) FILHO, Eduardo Pragmácio. *A boa-fé nas negociações coletivas trabalhistas*. 1. ed. São Paulo: LTr, 2011. p. 64

A natureza do acordo coletivo de trabalho é a mesma da convenção coletiva. A distinção entre os instrumentos está na abrangência. O acordo coletivo gera normas que vinculam o empregador e o sindicato e não gera direitos e obrigações para toda a categoria.[28]

Nos dizeres de Eduardo Pragmácio Filho, a convenção coletiva é um procedimento para solucionar um conflito coletivo trabalhista, razão pela qual as partes devem mutuamente observar um comportamento ético, voltado para a conciliação e superação do conflito.[29]

Uma das funções primordiais da negociação coletiva é o equilíbrio das relações de trabalho e na lição de José Francisco Siqueira Neto, "É exagero imaginar que as negociações coletivas só atuam para melhorar as condições de trabalho e de vida dos trabalhadores, da mesma forma que é falacioso imaginar que a negociação só é importante para diminuir poderes trabalhistas"[30].

Logo, a negociação coletiva tem um papel fundamental de equilíbrio e pacificação das relações de trabalho, mediante concessões recíprocas que devem ser respeitadas.

Contudo, nada obstante estes firmes princípios, muitos sindicatos de categoria profissional se valem da postura paternalista da jurisprudência trabalhista que, em alguns casos, considera inválida determinada cláusula, sem observar a integralidade do instrumento coletivo.

No julgamento do RE 895.759, o Ministro Teori Zavascki deu provimento ao Recurso Extraordinário da Usina Central Olho d'Água e asseverou que "Ainda que o acordo coletivo de trabalho tenha afastado direito assegurado aos trabalhadores pela CLT, concedeu-lhe outras vantagens com vistas a compensar essa supressão. Ademais, a validade da votação da Assembleia Geral que deliberou pela celebração do acordo coletivo de trabalho não foi rechaçada

---

(28) Importante ressaltar que a nova redação do art. 620 da CLT estabelece que "As condições estabelecidas em acordo coletivo de trabalho sempre prevalecerão sobre as estipuladas em convenção coletiva de trabalho".
(29) Dentro desta perspectiva de comportamento ético, o autor em destaque, ao invocar José Rodrigues Pinto, cita princípios que devem ser observados: a) princípio do contraditório entre os sujeitos; b) princípio da cooperação das vontades; c) princípio da igualdade entre os negociadores; d) princípio da razoabilidade das pretensões; e) princípio da paz social e, finalmente, f) princípio da boa-fé. (FILHO, Eduardo Pragmácio. *A boa-fé nas negociações coletivas trabalhistas*. 1. ed. São Paulo: LTr, 2011. p. 56-57).
(30) NETO, José Francisco Siqueira. Limites da negociação coletiva de trabalho no Brasil. In: TEPEDINO, Gustavo; MELLO FILHO, Luiz Philippe Vieira; FRAZÃO, Ana; DELGADO, Gabriela Neves. *Diálogos entre o direito do trabalho e o direito civil*. São Paulo: Revista dos Tribunais, 2013. p. 392.

nesta demanda, razão pela qual se deve presumir legítima a manifestação de vontade proferida pela entidade sindical"[31].

Nota-se, portanto, que no caso em destaque, restou incontroversa a concessão de benefícios não previstos em lei em substituição ao não pagamento das horas *in itinere*.

No dia 26 de setembro de 2016 o Tribunal Superior do Trabalho confirmou a tese no sentido de que a autonomia negocial coletiva não é absoluta. Com base nesse entendimento adotado o Tribunal manteve a nulidade da cláusula que reduzia os direitos dos trabalhadores de uma usina de açúcar.

Contudo, é importante frisar que no caso julgado em setembro de 2016, a maioria dos Ministros concluiu que não haveria uma **contrapartida** para a supressão do benefício previsto em lei, razão pela qual o Tribunal fixou a tese de que não pode haver a supressão de um direito sem um benefício para o trabalhador.

Em relação à prevalência do negociado sobre o legislado há duas posições antagônicas no âmbito do Poder Judiciário.

O Tribunal Superior do Trabalho tem afirmado que os sindicatos não têm legitimidade de fato e que os instrumentos de negociação coletiva não podem servir para suprimir direito assegurado em lei, mesmo com a substituição desse direito por outros benefícios. Entende, portanto, que o legislado prevalece sobre o negociado.

No ano de 2015, o Supremo Tribunal Federal julgou o RE 590.415, que ficou nacionalmente conhecido como o "Caso BESC". O Banco do Estado de Santa Catarina, antes de ser privatizado, firmou um acordo coletivo com o sindicato dos empregados em que constava uma cláusula de quitação geral. Isto é, o empregado que aderisse ao plano recebia indenização e estaria impedido de obter qualquer diferença em processo judicial trabalhista.

A decisão foi revertida pelo Supremo Tribunal Federal no voto do Ministro Luís Roberto Barroso, que confirmou a validade da cláusula e afirmou que: (*i*) a Constituição Federal prestigiou a autonomia coletiva da vontade como mecanismo pelo qual o trabalhador participará da formulação das normas que regerão a sua própria vida, inclusive no trabalho, bem como, que (*ii*) os acordos e convenções coletivas são instrumentos legítimos de prevenção de conflitos trabalhistas, podendo ser utilizados, inclusive, para redução de direitos trabalhistas.

---

(31) Disponível em: <http://www.stf.jus.br/portal/diarioJustica/verDiarioProcesso.asp?numDj=195&dataPublicacaoDj=13/09/2016&incidente=4794743&codCapitulo=6&numMateria=153&codMateria=3>. Acesso em: 5 out. 2017.

Restou ainda consignado na referida decisão que em se tratando de negociação entabulada pela entidade sindical, não há que se falar em hipossuficiência, razão pela qual deve ser prestigiada a autonomia coletiva da vontade.

A Lei n. 13.467/2017 adota uma posição intermediária, na medida em que legitima a autoridade da entidade sindical, porém enumera quais são as parcelas e rubricas que não podem ser objeto de negociação coletiva.

3.2. Limites da autonomia negocial coletiva

Profundas mudanças foram introduzidas pela Lei n. 13.467/2017, sendo que no presente estudo o objetivo é tratar do ponto que diz respeito à negociação coletiva.

Na linha do posicionamento externado pelo Supremo Tribunal Federal, em especial quando do julgamento dos Recursos Extraordinários citados no capítulo anterior, com a reforma trabalhista, a Justiça do Trabalho terá a incumbência de analisar os aspectos formais e de validade da negociação coletiva, enquanto que a análise de mérito e de conteúdo das cláusulas ficará por conta dos sindicatos.

Portanto, tendo em vista a inserção do § 3º no art. 8º da CLT, a partir de 11.11.2017, no exame de convenção coletiva ou acordo coletivo de trabalho, a Justiça do Trabalho analisará exclusivamente a conformidade dos elementos essenciais do negócio jurídico, respeitado o disposto no art. 104 da Lei n. 10.406, de 10 de janeiro de 2002 (Código Civil), e balizará sua atuação pelo princípio da intervenção mínima na autonomia da vontade coletiva.

Nada obstante, deve ser destacado que a nova legislação traz um aspecto que não era observado pela Jurisprudência do STF, na medida em que enumera quais as hipóteses nas quais a convenção e o acordo coletivo terão prevalência sobre a lei, conforme se infere do art. 611-A, a seguir transcrito. *Verbis*:

> I — pacto quanto à jornada de trabalho, observados os limites constitucionais;
>
> II — banco de horas anual;
>
> III — intervalo intrajornada, respeitado o limite mínimo de trinta minutos para jornadas superiores a seis horas;
>
> IV — adesão ao Programa Seguro-Emprego (PSE), de que trata a Lei n. 13.189, de 19 de novembro de 2015;

V — plano de cargos, salários e funções compatíveis com a condição pessoal do empregado, bem como identificação dos cargos que se enquadram como funções de confiança;

VI — regulamento empresarial;

VII — representante dos trabalhadores no local de trabalho;

VIII — teletrabalho, regime de sobreaviso, e trabalho intermitente;

IX — remuneração por produtividade, incluídas as gorjetas percebidas pelo empregado, e remuneração por desempenho individual;

X — modalidade de registro de jornada de trabalho;

XI — troca do dia de feriado;

XII — enquadramento do grau de insalubridade;

XIII — prorrogação de jornada em ambientes insalubres, sem licença prévia das autoridades competentes do Ministério do Trabalho;

XIV — prêmios de incentivo em bens ou serviços, eventualmente concedidos em programas de incentivo;

XV — participação nos lucros ou resultados da empresa.

Atualmente o TST entende que a ausência de contrapartidas torna o instrumento coletivo inválido.

Todavia, o art. 611-A passará a contar com o § 2º que é expresso ao dispor que "A inexistência de expressa indicação de contrapartidas recíprocas em convenção coletiva ou acordo coletivo de trabalho não ensejará sua nulidade por não caracterizar um vício do negócio jurídico".

Porém, a nova legislação trabalhista não autoriza a negociação ampla e irrestrita, na medida em que impõe limites à autonomia negocial coletiva.

À guisa de exemplo, a Constituição Federal prevê a possibilidade de redução de salários via negociação coletiva[32]. Enquanto que o § 3º do art. 611-A, estabelece que "Se for pactuada cláusula que reduza o salário ou a jornada, a convenção coletiva ou o acordo coletivo de trabalho deverão prever a proteção dos empregados contra dispensa imotivada durante o prazo de vigência do instrumento coletivo".

---

(32) Art. 7º [...] VI — irredutibilidade do salário, salvo o disposto em convenção ou acordo coletivo.

Outrossim, deve ser destacado que nas decisões do STF, que foram analisadas no presente texto, não houve nenhuma restrição em relação a eventuais rubricas cuja negociação seria ilícita, razão pela qual não é errado afirmar que a Lei n. 13.467/2017 impôs limites à negociação coletiva, logo, a autonomia negocial coletiva não é absoluta.

Com a vigência do diploma legal em comento, mais precisamente no art. 611-B, constituem objeto ilícito de convenção coletiva, ou de acordo coletivo de trabalho, exclusivamente, a supressão ou a redução dos seguintes direitos:

> I — normas de identificação profissional, inclusive as anotações na Carteira de Trabalho e Previdência Social;
>
> II — seguro-desemprego, em caso de desemprego involuntário;
>
> III — valor dos depósitos mensais e da indenização rescisória do Fundo de Garantia do Tempo de Serviço (FGTS);
>
> IV — salário mínimo;
>
> V — valor nominal do décimo terceiro salário;
>
> VI — remuneração do trabalho noturno superior à do diurno;
>
> VII — proteção do salário na forma da lei, constituindo crime sua retenção dolosa;
>
> VIII — salário-família;
>
> IX — repouso semanal remunerado;
>
> X — remuneração do serviço extraordinário superior, no mínimo, em 50% (cinquenta por cento) à do normal;
>
> XI — número de dias de férias devidas ao empregado;
>
> XII — gozo de férias anuais remuneradas com, pelo menos, um terço a mais do que o salário normal;
>
> XIII — licença-maternidade com a duração mínima de cento e vinte dias;
>
> XIV — licença-paternidade nos termos fixados em lei;
>
> XV — proteção do mercado de trabalho da mulher, mediante incentivos específicos, nos termos da lei;

XVI — aviso-prévio proporcional ao tempo de serviço, sendo no mínimo de trinta dias, nos termos da lei;

XVII — normas de saúde, higiene e segurança do trabalho previstas em lei ou em normas regulamentadoras do Ministério do Trabalho;

XVIII — adicional de remuneração para as atividades penosas, insalubres ou perigosas;

XIX — aposentadoria;

XX — seguro contra acidentes de trabalho, a cargo do empregador;

XXI — ação, quanto aos créditos resultantes das relações de trabalho, com prazo prescricional de cinco anos para os trabalhadores urbanos e rurais, até o limite de dois anos após a extinção do contrato de trabalho;

XXII — proibição de qualquer discriminação no tocante a salário e critérios de admissão do trabalhador com deficiência;

XXIII — proibição de trabalho noturno, perigoso ou insalubre a menores de dezoito anos e de qualquer trabalho a menores de dezesseis anos, salvo na condição de aprendiz, a partir de quatorze anos;

XXIV — medidas de proteção legal de crianças e adolescentes;

XXV — igualdade de direitos entre o trabalhador com vínculo empregatício permanente e o trabalhador avulso;

XXVI — liberdade de associação profissional ou sindical do trabalhador, inclusive o direito de não sofrer, sem sua expressa e prévia anuência, qualquer cobrança ou desconto salarial estabelecidos em convenção coletiva ou acordo coletivo de trabalho;

XXVII — direito de greve, competindo aos trabalhadores decidir sobre a oportunidade de exercê-lo e sobre os interesses que devam por meio dele defender;

XXVIII — definição legal sobre os serviços ou atividades essenciais e disposições legais sobre o atendimento das necessidades inadiáveis da comunidade em caso de greve;

XXIX — tributos e outros créditos de terceiros;

XXX — as disposições previstas nos arts. 373-A, 390, 392, 392-A, 394, 394-A, 395, 396 e 400 da CLT.

É importante destacar que ao contrário do entendimento que vinha prevalecendo no âmbito da Justiça do Trabalho, as regras sobre duração do trabalho e intervalos não são consideradas como normas de saúde, higiene e segurança do trabalho para os fins do disposto no art. 611-B, conforme disposição contida no parágrafo único do referido artigo[33].

Nota-se, portanto, que o legislador não permitiu a negociação coletiva de forma irrestrita, sendo que a supressão ou mesmo a redução, dos 30 direitos listados no art. 611-B constitui objeto ilícito.

Entretanto, o legislador foi expresso em vedar a ultratividade da norma coletiva e afirmar que não será permitida a estipulação de duração de acordo ou convenção coletiva em período superior a 2 anos.[34]

Com efeito, a estipulação de prazo máximo de 2 anos de vigência da norma coletiva não é em vão. Muitas concessões que são feitas em um determinado ano, levam em consideração a conjuntura econômica daquele momento, sendo que mesmo em países desenvolvidos em que haja uma estabilidade econômica, muitas das vezes pode haver mudanças consideráveis após 2 anos, principalmente se considerarmos um cenário de economia mundial em razão da globalização. Portanto, o período estipulado como máximo e limite em nosso ordenamento jurídico é razoável e não implica em esvaziamento da norma coletiva.

A autonomia negocial coletiva não é absoluta, tendo em vista que regras que tratem de direitos fundamentais não admitem transação ou restrição.

A própria Lei n. 13.467/2017 impõe limites à autonomia coletiva, sendo que esses limites não chegaram a ser enfrentados pelo Supremo Tribunal Federal nos precedentes em que se discutiu negociação coletiva.

É importante destacar que na hipótese de ser ventilada a anulação de cláusulas de instrumentos coletivos, os sindicatos subscritores de convenção coletiva ou de acordo coletivo de trabalho deverão participar, como litisconsortes necessários, em ação individual ou coletiva[35]. Antes de 11.11.2017 não havia essa obrigatoriedade, fazendo com que determinadas entidades sindicais não dessem a menor importância para a consequência dos seus atos.

---

(33) Ambos introduzidos pela Lei n. 13.467/2017.
(34) Art. 614, § 3º.
(35) Art. 611-A, § 5º.

O fato de a negociação coletiva se sobrepor em relação a determinados preceitos de lei (com as exceções relacionadas aos direitos fundamentais expressamente ressalvados pela Lei n. 13.467/2017), não importa em irredutibilidade de direitos, mas sim no reconhecimento de uma legítima transação celebrada pela entidade que conhece vivamente a realidade específica de cada categoria e em determinada localidade do território nacional.

4

TERCEIRIZAÇÃO E TRABALHO TEMPORÁRIO

A Lei n. 13.429/2017, publicada no DOU 31.3.2017, alterou dispositivos da lei que dispõem acerca do trabalho temporário (Lei n. 6.019/1974) e passou a dispor sobre as relações de trabalho na empresa de prestação de serviços a terceiros. Portanto, o novo diploma legal alterou a lei do trabalho temporário e regulamentou a terceirização.

O trabalho temporário é definido como aquele prestado por pessoa física contratada por uma empresa de trabalho temporário que a coloca à disposição de uma empresa tomadora de serviços, para atender à necessidade de substituição transitória de pessoal permanente ou à demanda complementar de serviços (art. 2º), sendo vedada a contratação desta modalidade de trabalho para substituir trabalhadores em greve, salvo nos casos previstos em lei.

Nos termos da lei, entende-se como demanda complementar aquela oriunda de fatores imprevisíveis ou, quando decorrente de fatores previsíveis, tenha natureza intermitente, periódica ou sazonal.

A empresa de trabalho temporário será registrada no Ministério do Trabalho desde que comprove sua inscrição no CNPJ e seu registro na Junta Comercial de sua sede, bem como tenha capital social igual ou superior a R$ 100.000,00 (cem mil reais).

O contrato celebrado pela empresa de trabalho temporário e a tomadora de serviços será por escrito e ficará à disposição da autoridade fiscalizadora no estabelecimento da tomadora e deverá conter: a) a qualificação das partes; b) motivo justificador da demanda de trabalho temporário; c) prazo da prestação de serviços; d) valor da prestação de serviços e e) disposições sobre a segurança e a saúde do trabalhador, independentemente do local de realização do trabalho.

A empresa contratante deverá garantir as condições de segurança, higiene e salubridade dos trabalhadores, quando o trabalho for realizado em suas dependências ou em local por ela designado. Outrossim, ao trabalhador temporário será assegurado o mesmo atendimento médico, ambulatorial e de refeição destinado aos empregados, existente nas dependências da empresa contratante, ou no local por ela designado.

O art. 9º, § 3º, da lei estabelece que o contrato de trabalho temporário **pode versar sobre o desenvolvimento de atividades-meio e atividades-fim a serem executadas na empresa tomadora de serviços**.

Não gera vínculo empregatício entre a empresa tomadora de serviços e os trabalhadores temporários contratados pelas empresas prestadoras de serviços, independentemente do ramo de atividade da empresa tomadora de serviços.

Essa talvez seja a maior novidade no que diz respeito ao trabalho temporário, na medida em que a nova lei é expressa em permitir a contratação de trabalhadores temporários em todos os segmentos da empresa. A única ressalva manifestada diz respeito ao prazo de vigência do contrato temporário com relação ao mesmo empregador, que não poderá exceder a 180 dias, consecutivos ou não, prorrogado por até 90 dias, quando comprovada a manutenção das condições que autorizaram a contratação do trabalho temporário.

Passado esse período, o trabalhador temporário somente poderá ser colocado à disposição da mesma empresa tomadora de serviços, após 90 dias do término do contrato anterior, sob pena de reconhecimento do vínculo de emprego com a empresa tomadora de serviços.

No intuito de resguardar o fiel cumprimento das obrigações trabalhistas, a lei determina que a empresa contratante será responsável de forma subsidiária pelas obrigações trabalhistas referentes ao período em que ocorrer a prestação de trabalho temporário, enquanto que o recolhimento das contribuições previdenciárias observará o disposto no art. 31 da Lei n. 8.212/1991[36].

---

(36) A empresa contratante de serviços executados mediante cessão de mão de obra, inclusive em regime de trabalho temporário, deverá reter 11% (onze por cento) do valor bruto da nota fiscal ou fatura de prestação de serviços e recolher, em nome da empresa cedente da mão de

Essas foram as considerações acerca do contrato de trabalho temporário. A seguir serão tratadas as disposições atinentes à prestação de serviços a terceiros.

O art. 4º-A define a empresa prestadora de serviços a terceiros como a pessoa jurídica de direito privado destinada a prestar **serviços determinados e específicos** à contratante. A empresa prestadora de serviços contrata, remunera e dirige o trabalho realizado por seus trabalhadores, ou subcontrata outras empresas para a realização desses serviços.

Não se configura vínculo de emprego entre os trabalhadores, ou sócios das empresas prestadoras de serviços, qualquer que seja o seu ramo e a empresa contratante.

Os requisitos para o funcionamento da empresa de prestação de serviços a terceiros estão previstos no art. 4º-B, que foi inserido pela Lei n. 13.429/2017. A saber: a) prova de inscrição no CNPJ; b) registro na Junta Comercial; c) capital social compatível com o número de empregados, observando-se os seguintes parâmetros: c.1) empresas com até dez empregados — capital mínimo de R$ 10.000,00 (dez mil reais); c.2) empresas com mais de dez e até vinte empregados — capital mínimo de R$ 25.000,00 (vinte e cinco mil reais); c.3) empresas com mais de vinte e até cinquenta empregados — capital mínimo de R$ 45.000,00 (quarenta e cinco mil reais); c.4) empresas com mais de cinquenta e até cem empregados — capital mínimo de R$ 100.000,00 (cem mil reais); e c.5) empresas com mais de cem empregados — capital mínimo de R$ 250.000,00 (duzentos e cinquenta mil reais).

O contratante pode ser pessoa física ou jurídica que celebra contrato com empresa de prestação de serviços determinados e específicos, **sendo vedada à contratante a utilização de trabalhadores em atividades distintas daquelas que foram objeto do contrato com a empresa prestadora de serviços**. Em razão do que dispõe o art. 9º da CLT, o desvio de finalidade da contratação desses trabalhadores poderá acarretar no reconhecimento do vínculo de emprego com a empresa tomadora de serviços.

Os serviços contratados poderão ser executados nas instalações físicas da empresa contratante ou em outro local, de comum acordo entre as partes, sendo responsabilidade da contratante a garantia das condições de segurança, higiene e salubridade dos trabalhadores, quando o trabalho for realizado em suas dependências ou local previamente convencionado em contrato.

---

obra, a importância retida até o dia 20 (vinte) do mês subsequente ao da emissão da respectiva nota fiscal ou fatura, ou até o dia útil imediatamente anterior se não houver expediente bancário naquele dia, observado o disposto no § 5º do art. 33 desta Lei.

A contratante poderá estender ao trabalhador da empresa de prestação de serviços o mesmo atendimento médico, ambulatorial e de refeição destinado aos seus empregados, existente nas dependências da contratante, ou local por ela designado.

A empresa contratante é subsidiariamente responsável pelas obrigações trabalhistas referentes ao período em que ocorrer a prestação de serviços, e o recolhimento das contribuições previdenciárias observará o disposto no art. 31 da Lei n. 8.212, de 24 de julho de 1991.

O contrato celebrado pela empresa de prestação de serviços e a tomadora deverá conter: a) a qualificação das partes; b) especificação do serviço a ser prestado; c) prazo para a realização do serviço, se for o caso; d) valor.

Importante frisar que o disposto nessa lei não se aplica às empresas de vigilância e transporte de valores, permanecendo as respectivas relações de trabalho reguladas por legislação especial, e subsidiariamente pela CLT.

Nota-se, portanto, que ao contrário do que restou estabelecido no tocante ao contrato de trabalho temporário, em relação ao contrato da empresa prestadora de serviços a terceiros, <u>não se permitiu a terceirização de forma ampla e irrestrita</u>.

Contudo, o texto do art. 2º da Reforma Trabalhista (Lei n. 13.467/2017), modifica o art. 4º-A, que passará a vigorar com a seguinte redação. *Verbis*:

> Considera-se prestação de serviços a terceiros a transferência feita pela contratante da execução de quaisquer de suas atividades, **inclusive sua atividade principal**, à pessoa jurídica de direito privado prestadora de serviços que possua capacidade econômica compatível com a sua execução.

A alteração acima proposta é necessária para se esclarecer a intenção do legislador, tendo em vista que todo conceito vago ou dúbio constante na legislação é interpretado pela Justiça do Trabalho da forma mais benéfica para o trabalhador.

Portanto, enquanto não for aprovada a alteração do art. 4º-A da Lei n. 6.019/1974, o objeto da atividade contratada deverá ser explicitado com bastante cautela, pois deverão ser serviços determinados e específicos.

Além disso, o texto da reforma prevê que contratante e contratada poderão estabelecer, se assim entenderem, que os empregados da contratada farão jus a salário equivalente ao dos empregados da contratante, além de outros direitos distintos daqueles que já estão estabelecidos no art. 4º-C (Alimentação, transporte, atendimento médico ou ambulatorial, treinamento e medidas de proteção à saúde).

Importante frisar que na Ação Direta de Inconstitucionalidade n. 5.685, em que é requerente a Rede Sustentabilidade, no dia 19.5.2017, a Advocacia Geral da União opinou pela improcedência do pedido e requereu a declaração de constitucionalidade da referida lei.

Na referida ação o requerente afirma ser inconstitucional a lei em debate, pois além da questão formal em relação à desistência do andamento do projeto manifestado pela Presidência da República, a terceirização de serviços na atividade-fim das empresas ofenderia os princípios constitucionais da dignidade da pessoa humana e da isonomia, bem como a integralidade do alcance normativo do art. 7º, XXXII, da CRFB.

5

IMPACTOS DA REFORMA TRABALHISTA NO DIREITO DESPORTIVO

5.1. Atletas profissionais

A definição de atleta profissional está insculpida na Lei Geral do Desporto, também conhecida como Lei Pelé (Lei n. 9.615/1998). É considerado atleta profissional aquele que possui contrato especial de trabalho desportivo com a entidade de prática desportiva e devidamente registrado na entidade de administração do desporto correspondente.

O art. 28 da Lei Pelé diz que a atividade do atleta profissional é caracterizada por remuneração pactuada em contrato especial de trabalho desportivo, firmado com entidade de prática desportiva, no qual deverá constar, obrigatoriamente, cláusula indenizatória desportiva, cláusula compensatória desportiva que são bem explicitadas no texto legal.

O § 4º do art. 28 é categórico ao estabelecer que aplicam-se ao atleta profissional as normas gerais da legislação trabalhista e da Seguridade Social, ressalvadas as peculiaridades constantes da Lei Geral do Desporto, razão pela qual a legislação trabalhista é aplicada apenas de forma subsidiária, mas será permitida desde que não haja conflito com a legislação especial.

Por força de imperativo legal, o contrato especial de trabalho desportivo, obrigatoriamente, deverá ser por escrito, por se tratar de uma pactuação especial, razão pela qual não se aplicam os dispositivos da legislação trabalhista que reconhecem como válido todo e qualquer ajuste celebrado entre empregado e empregador, inclusive de forma tácita ou verbal.

Com efeito, o contrato de trabalho do atleta profissional é o negócio jurídico celebrado entre uma pessoa física (atleta) e o clube, disciplinando condições de trabalho, algumas delas pré-fixadas na *lex sportiva*, de forma onerosa e sob a orientação do empregador (clube).

No CETD a regra é a de que o contrato será, sempre, por prazo determinado, nunca inferior a 3 (três) meses e nunca superior a 5 (cinco) anos[37]. Esta talvez seja uma das características mais determinantes deste contrato especial, tendo em vista que em relação ao trabalhador ordinário a regra é a de que o contrato de trabalho vigora por prazo indeterminando, configurando exceção o prazo determinado.[38]

5.1.1. Atleta autônomo

A legislação desportiva prevê e reconhece a atividade do atleta autônomo.

De acordo com a disposição contida no art. 28-A da Lei Pelé, caracteriza-se como autônomo o atleta maior de 16 (dezesseis) anos que não mantém relação empregatícia com entidade de prática desportiva, auferindo rendimentos por conta e por meio de contrato de natureza civil.

Por sua vez, o § 1º do art. 28-A prevê que o vínculo desportivo do atleta autônomo com a entidade de prática desportiva resulta de inscrição para participar de competição e não implica reconhecimento de relação empregatícia.

Já o § 2º do art. 28-A diz que a filiação ou a vinculação de atleta autônomo a entidade de administração ou a sua integração a delegações brasileiras partícipes de competições internacionais não caracteriza vínculo empregatício.

Por fim, o § 3º estabelece que não poderá haver atleta autônomo em modalidades desportivas coletivas.

Portanto, em um primeiro momento, não há como se reconhecer o atleta autônomo em modalidades como futebol, vôlei e basquetebol, por exemplo, tendo em vista a previsão expressa contida na Lei Geral do Desporto.

---

(37) Art. 30. O contrato de trabalho do atleta profissional terá prazo determinado, com vigência nunca inferior a três meses nem superior a cinco anos.
(38) VEIGA, Mauricio de Figueiredo Corrêa da. *Manual de direito do trabalho desportivo*. 2. ed. São Paulo: LTr, 2016. p. 64.

Importante frisar que a reforma trabalhista incluiu no art. 442-B a possibilidade de contratação do trabalhador autônomo, ocasião na qual, cumpridas por este todas as formalidades legais, com ou sem exclusividade, de forma contínua ou não, afasta a qualidade de empregado prevista no art. 3º da CLT.

Todavia, enquanto a Lei Geral do Desporto, que é mais específica, não autorizar a contratação do atleta autônomo em modalidades coletivas, este tipo de trabalhador somente será autorizado em modalidades individuais.

5.1.2. Atleta hipersuficiente

Muitos atletas recebem apenas salários baixos, conforme mostram dados recentemente veiculados pela mídia.

De acordo com Jones Rossi e Leonardo Mendes Junior[39], dos 30.784 jogadores registrados no Brasil, 82% recebem, no máximo, 2 salários mínimos, enquanto que o salário médio base do brasileiro é de 3,3 salários mínimos. Além disso, apenas 2% dos jogadores recebem mais do que 12,4 mil reais por mês.

Todavia, essa minoria de jogadores, que representam os 2% acima descritos, possuem, pelo menos em tese, discernimento suficiente para poderem transacionar e efetuar concessões recíprocas.

Não podemos perder de vista a nova redação que foi inserida no parágrafo único do art. 444 da CLT, que fala da livre estipulação contratual pelas partes. *Verbis*:

> Parágrafo único. A livre estipulação a que se refere o *caput* deste artigo aplica-se às hipóteses previstas no art. 611-A desta Consolidação, com a mesma eficácia legal e preponderância sobre os instrumentos coletivos, **no caso de empregado portador de diploma de nível superior e que perceba salário mensal igual ou superior a duas vezes o limite máximo dos benefícios do Regime Geral de Previdência Social**.

Tal dispositivo guarda plena e total compatibilidade com a *lex sportiva*, na medida em que não há qualquer disposição em sentido contrário na lei especial.

Portanto se o atleta cumprir os requisitos objetivos constantes na previsão legal (portar diploma de nível superior e receber salário mensal igual ou superior ao dobro do limite dos benefícios do Regime Geral da Previdência

---

(39) ROSSI, Jones; JÚNIOR, Leonardo Mendes. *Guia politicamente incorreto do futebol*. Rio de Janeiro: Leya, 2014. p. 260.

Social), poderá estipular condições com o seu empregador que irão se sobrepor à lei, desde que não sejam disposições ilícitas que são mencionadas de forma exaustiva no art. 611-B.

Na medida em que o contrato de trabalho do atleta é um contrato especial e obrigatoriamente por escrito, tais disposições deverão constar do contrato.

5.1.3. Remuneração

Em razão da atividade desempenhada pelo atleta profissional, além do salário que é pactuado, o clube pode pagar determinados valores sob o título de bichos, luvas e prêmios.

O "bicho" é um prêmio pago ao atleta (empregado) por entidade desportiva (empregadora), que pode estar estabelecida, ou não, em contrato de trabalho do qual são partes. Tal prêmio tem, sempre, a característica de ser individual, embora seja ele decorrente de um trabalho desportivo que é coletivo. Além disso, via de regra é aleatório na medida em que está condicionado ao êxito a ser obtido em campo, sujeitos a fatores, às vezes, alheios à vontade do atleta, como sorte ou azar.

A parcela denominada "bicho" revela um incentivo concedido ao atleta face ao alcance de uma condição previamente estabelecida, uma vitória, um campeonato ou até mesmo uma derrota ou empate.

Encontra sua origem pela conduta dos torcedores do Clube de Regatas Vasco da Gama — RJ. Em 1923, o Vasco da Gama estreou e foi campeão da Liga Metropolitana, o campeonato carioca da época. Os torcedores, eufóricos com o time, tinham o hábito de apostar na vitória do Vasco. E, como quase sempre ganhavam, começaram a dividir o lucro com os jogadores.[40]

Na lição de José Martins Catharino[41]:

> Também, às vezes, o bicho assume formas complexas, intensificando-se sua finalidade de estimular a produção atlética, mais atraente e espetacular. Seu valor passa a ser intrinsecamente variável, em função do saldo de tentos, obtido entre os feitos e os tomados.

---

(40) VEIGA, Mauricio de Figueiredo Corrêa da. *Manual de direito do trabalho desportivo*. 2. ed. São Paulo: LTr, 2017. p. 247.
(41) CATHARINO, José Martins. *Contrato de emprego desportivo no direito brasileiro*. São Paulo: LTr, 1969. p. 33.

Essa variabilidade, aliás, é comum, mas descontínua. Os prêmios são fixos e proporcionais, por vitórias e por empates. Excepcionalmente, maiores em função de resultados importantes e decisivos (jogos-chaves); por campeonato etc., verdadeiros "super-bichos".

Constatada a manutenção da prática pelos clubes, surge o questionamento inerente à natureza jurídica da parcela, se salarial ou indenizatória.

A atual redação do art. 457 da CLT e §§ 1º e 2º, assim estabelecem. *Verbis*:

> **Art. 457.** Compreendem-se na remuneração do empregado, para todos os efeitos legais, além do salário devido e pago diretamente pelo empregador, como contraprestação do serviço, as gorjetas que receber.
>
> § 1º Integram o salário a importância fixa estipulada, as gratificações legais e de função e as comissões pagas pelo empregador.
>
> § 2º As importâncias, ainda que habituais, pagas a título de ajuda de custo, limitadas a cinquenta por cento da remuneração mensal, o auxílio-alimentação, vedado o seu pagamento em dinheiro, as diárias para viagem e os prêmios não integram a remuneração do empregado, não se incorporam ao contrato de trabalho e não constituem base de incidência de encargo trabalhista e previdenciário.

Leitura atenta dos §§ 1º e 2º deixam clara a natureza indenizatória dos prêmios pagos pelo empregador. Todavia, o § 23, inserido pela MP n. 808/2017 pode causar algum tipo de confusão, na medida em que prevê. *Verbis*:

> § 23. Incidem o imposto sobre a renda e quaisquer outros encargos tributários sobre as parcelas referidas neste artigo, exceto aquelas expressamente isentas em lei específica.

Portanto, a natureza indenizatória dos prêmios, ainda que habituais, deverá levar em consideração as repercussões nas verbas citadas por este parágrafo.

Em relação às luvas o mesmo dispositivo também deve ser observado.

Contudo, alguns esclarecimentos acerca desta rubrica merecem consideração.

No célebre estudo elaborado no final da década de 1960, o jurista baiano José Martins Catharino[42] definiu as "luvas" como "o valor devido a atleta

---

(42) CATHARINO, José Martins. *Contrato de emprego desportivo no direito brasileiro*. São Paulo: LTr, 1969. p. 34.

quando da assinatura de um contrato de emprego desportivo. Podem ser convencionais e imperativos".

No intuito de viabilizar uma maior compreensão da parcela denominada "luvas", torna-se imprescindível uma superficial análise do instituto à luz da doutrina e legislação atinentes ao Direito Comercial.[43]

Dentre os elementos do estabelecimento empresarial, figura o chamado "ponto", que compreende o local específico em que ele se encontra. Em função do ramo da atividade explorado pelo empresário, a localização do estabelecimento empresarial pode importar acréscimo, por vezes substantivo, no seu valor.[44]

O atleta profissional também possui ativos intangíveis que influenciam diretamente em sua contratação, tanto os relacionados ao desempenho técnico quanto aos afetos à sua personalidade.

Daí decorre forte concorrência pela sua contratação, cabendo aos clubes interessados mensurar os ativos intangíveis e oferecer importâncias pecuniárias e/ou outros benefícios que entenderem suficientes ao convencimento do profissional em assinar o contrato.

Portanto, as luvas são importes pagos pelo clube aos jogadores como forma de incentivo para assinatura do contrato de trabalho, em virtude da qualidade e eficiência do próprio jogador antes mesmo de ser contratado.

Em razão da nova redação do art. 457 da CLT, a jurisprudência terá que se adequar para reconhecer a natureza indenizatória da rubrica.

5.1.4. Férias

Conforme destacado no item 2.10 do presente livro, o art. 134 da CLT trata das férias e a reforma trabalhista alterou o § 1º e inseriu o terceiro, para estabelecer que desde que haja concordância do empregado, as férias poderão ser usufruídas em até três períodos, sendo que um deles não poderá ser inferior a quatorze dias corridos e os demais não poderão ser inferiores a cinco dias corridos, cada um. Além disso, é vedado o início das férias no período de dois dias que antecede feriado ou dia de repouso semanal remunerado.

O fracionamento das férias em três períodos não parece guardar aplicação com as peculiaridades que envolvem o direito desportivo.

---

(43) VEIGA, Mauricio de Figueiredo Corrêa da. *Manual de direito do trabalho desportivo*. 2. ed. São Paulo: LTr, 2017. p. 237.
(44) COELHO, Fábio Ulhoa. *Curso de direito comercial*. São Paulo: Saraiva, 2005. v. 1, p. 109-110.

Não há dúvidas de que o atleta profissional tem direito ao gozo de 30 dias de férias, anuais, remuneradas e acrescidas do terço constitucional.

A diferença para o trabalhador ordinário é que as férias do atleta devem coincidir com o recesso das atividades desportivas, que, via de regra, ocorre entre a segunda metade do mês de dezembro de um ano e a primeira metade de janeiro do ano seguinte.

Nota-se, portanto, que nesta hipótese não é o empregador que detém a prerrogativa de escolher o período em que o empregado vai gozar férias.

Portanto, o fracionamento das férias para o atleta profissional somente faria sentido se o recesso desportivo também fosse fracionado, o que geralmente não ocorre.

5.2. Treinador desportivo

O presente artigo foi fruto da palestra realizada no 2º Congresso Internacional da Academia Nacional de Direito Desportivo, realizado em Brasília nos dias 16 e 17 de outubro de 2017.

A atividade do treinador de futebol talvez seja uma das mais ingratas no âmbito desportivo. Afinal, se o time vai bem, o treinador não fez mais do que sua obrigação, mas se o desempenho do time é insuficiente, o treinador é o primeiro a ser responsabilizado e muitas das vezes é demitido do cargo em razão da pressão dos torcedores, sem ter a oportunidade de uma segunda chance de mostrar o seu trabalho.

Atualmente o treinador de futebol conta com legislação que rege a sua atividade e que determina que a relação entre clube e treinador seja de emprego, com contrato de trabalho contendo cláusulas que são obrigatórias para a sua validade.

Infelizmente, os demais treinadores desportivos não gozam da mesma proteção, o que poderá mudar se a Lei Geral do Desporto que está em tramitação no Senado Federal for aprovada.

5.2.1. A Lei n. 8.650/1993

A Lei n. 8.650/1993[45] é o diploma legal atualmente em vigor no ordenamento jurídico brasileiro que dispõe acerca das relações de trabalho do treinador profissional de futebol.

---

(45) Disponível em: <http://www.planalto.gov.br/ccivil_03/Leis/1989_1994/L8650.htm>. Acesso em: 15 out. 2017.

A lei em destaque define em seus dispositivos iniciais quem é empregado e quem é empregador. O artigo primeiro diz que a associação desportiva ou clube de futebol é considerado empregador quando, mediante qualquer modalidade de remuneração, utiliza os serviços de treinador profissional de futebol. Já o artigo segundo enumera que o treinador profissional de futebol é considerado empregado quando especificamente contratado por entidade de prática desportiva, com a finalidade de treinar atletas de futebol profissional ou amador, ministrando-lhes técnicas e regras de futebol, com o objetivo de assegurar-lhes conhecimentos táticos e técnicos suficientes para a prática desse esporte.

O exercício da profissão de treinador profissional de futebol ficará assegurado preferencialmente: (i) aos portadores de diploma expedido por Escolas de Educação Física ou entidades análogas, reconhecidas na forma da Lei; e (ii) aos profissionais que, até a data do início da vigência da Lei n. 8.650/1993, hajam, comprovadamente, exercido cargos ou funções de treinador de futebol por prazo não inferior a seis meses, como empregado ou autônomo, em clubes ou associações filiadas às Ligas ou Federações, em todo o território nacional.

A lei estabelece direitos e deveres dos treinadores. No art. 4º estão enumerados os direitos do treinador profissional de futebol. A saber: I — ampla e total liberdade na orientação técnica e tática da equipe de futebol; II — apoio e assistência moral e material assegurada pelo empregador, para que possa bem desempenhar suas atividades; III — exigir do empregador o cumprimento das determinações dos órgãos desportivos atinentes ao futebol profissional.

O treinador profissional de futebol deverá zelar pela disciplina dos atletas sob sua orientação, acatando e fazendo acatar as determinações dos órgãos técnicos do empregador e manter o sigilo profissional.

O contrato de trabalho do treinador deverá cumprir certas formalidades, na medida em que a lei determina que na anotação do contrato de trabalho na Carteira Profissional deverá, obrigatoriamente, constar o prazo de vigência, que nunca poderá ser superior a dois anos e o salário, as gratificações, os prêmios, as bonificações, o valor das luvas, caso ajustadas, bem como a forma, tempo e lugar de pagamento.

Além disso, o contrato de trabalho será registrado, no prazo improrrogável de dez dias, no Conselho Regional de Desportos e na Federação ou Liga à qual o clube ou associação for filiado.

A Consolidação das Leis do Trabalho e as leis da previdência social serão aplicadas ao treinador profissional de futebol apenas de forma subsidiária e desde que não sejam incompatíveis com as disposições da Lei n. 8.650/1993.

5.2.2. O Projeto de Lei n. 7.560/2014

A Lei n. 8.650/1993 é bem tímida no que se propõe. O Projeto de Lei n. 7.560/2014, nacionalmente conhecido como PL Caio Júnior[46], inclui os auxiliares técnicos e preparadores de goleiros na mesma classe dos treinadores.

O projeto em questão busca assegurar mais direitos aos técnicos de futebol. O exercício da atividade é estendido para ex-atletas que tenham concluído curso de formação de treinadores reconhecido pelos sindicatos da categoria e pela Federação Brasileira de Treinadores de Futebol (FBTF), estabelece o período mínimo de seis meses de vigência de contrato especial de trabalho entre técnico e clube, institui cláusula indenizatória (análoga aos contratos especiais de trabalho desportivo destinado a atletas) no valor total dos salários até o fim do contrato, prevê uma série de benefícios como pagamento de acréscimos remuneratórios por períodos de concentração, repouso obrigatório de um dia por semana, férias de trinta dias e jornada de trabalho de 44 horas semanais.

De acordo com o projeto de lei, as entidades de prática desportiva apenas poderiam registrar o contrato de novos treinadores após a quitação das obrigações resultantes da rescisão contratual do técnico anterior. Há também a previsão de contratação de seguro de vida por parte das equipes, responsáveis também por cobrir despesas médicas em eventuais ocorrências vinculadas à atividade de treinador profissional. Tal proposta foi uma das que tiveram maior destaque na mídia após o falecimento do técnico da Chapecoense, Caio Júnior.

Com efeito, a lei atual é franciscana no tocante aos direitos dos treinadores e na regulamentação da atividade. Desta forma, o projeto de lei em comento pode vir preencher essa lacuna existente desde 1993. Entretanto, há diversas questões a serem pontuadas no Projeto de Lei Caio Júnior em tramitação no Congresso Nacional (o PL passou pela Comissão de Trabalho, Administração e Serviço Público; do Esporte e de Constituição e Justiça e de Cidadania; agora, aguarda análise de mérito na Comissão de Ciência e Tecnologia, Comunicação e Informática)[47].

Algumas críticas podem ser feitas em relação ao projeto, na medida em que ele poderia ser mais abrangente para se tornar um verdadeiro marco regulatório das atividades dos treinadores profissionais e não apenas se limitar ao futebol, como ocorre com a legislação atual.

---

(46) Em homenagem ao ex-jogador e técnico de futebol que foi uma das vítimas do trágico acidente que ceifou a vida de atletas e dirigentes da Chapecoense.
(47) Disponível em: <http://www.camara.gov.br/proposicoesWeb/fichadetramitacao?idProposicao=615510>. Acesso em: 15 out. 2017.

Além disso, a fixação de prazo de seis meses como período mínimo de contratação não encontra respaldo no calendário da grande maioria dos clubes brasileiros, conforme aponta o advogado Guilherme Cônsul Charles[48]: dos 776 clubes profissionais, 128 disputam o Campeonato Brasileiro (Séries A a D), competições nacionais que possuem calendário definido e que vão além dos Estaduais e das fases de mata-mata da Copa do Brasil. Assim, menos de 17% dos times profissionais de futebol possuem calendário que vão além dos campeonatos estaduais, ou seja, que duram mais do que quatro meses. Logo, 83% das equipes teriam que permanecer com treinadores com contrato vigente, mas sem qualquer função, já que as atividades da equipe se limitam aos Estaduais.

Insta salientar que a estipulação de cláusula indenizatória com valor equivalente aos salários a que o treinador faria jus até o fim da pactuação aliada à previsão de que apenas se pode contratar um novo técnico quando quitados os valores devidos da rescisão do contrato anterior não implicam em benefícios ao futebol brasileiro. Isso porque, os clubes poderiam ser estimulados a entabular contratos pelo prazo mínimo de vigência, a fim de não terem que arcar com altos custos em caso de necessidade de rescisão contratual prévia e o patamar salarial da comissão técnica poderia diminuir com o tempo. Vale lembrar que a atividade do treinador de futebol é cercada de incertezas e muitas das vezes os dirigentes cedem à pressão da torcida para efetuar a troca do treinador em prazo exíguo.

Além disso, cumpre lembrar que o art. 479 da CLT já traz garantias aos trabalhadores contratados por tempo determinado, prevendo pagamento de metade dos valores recebíveis pelo empregado até o fim do contrato em caso de rescisão antecipada sem justa causa[49].

O PL n. 7.560/2014 prevê que o contrato do treinador com a entidade de prática desportiva contratante constitui-se com o registro do contrato especial de trabalho na entidade de administração do desporto e afirma que o contrato será dissolvido nas seguintes hipóteses: a) com o término da vigência do contrato ou o seu distrato; b) com o pagamento da cláusula de rompimento; c) com a rescisão decorrente do inadimplemento salarial, de responsabilidade da entidade de prática desportiva empregadora, nos termos constantes no PL; d) com a rescisão indireta, nas demais hipóteses previstas na legislação trabalhista; e e) com a dispensa imotivada do treinador.

---

(48) Disponível em: <http://m.trivela.uol.com.br/lei-caio-junior-que-regulamenta-profissao-de-tecnico-precisa-de-ajustes-e-discussoes/>. Acesso em: 15 out. 2017.
(49) Importante registrar que o "Projeto de Lei Caio Júnior" determina que não se aplicam ao contrato especial de trabalho os arts. 450, 451, 479 e 480 da CLT.

Infelizmente, dentre as hipóteses de dissolução do contrato de trabalho, não há qualquer previsão de possibilidade de se romper o contrato por mútuo consentimento, o que viabilizaria a ruptura contratual de forma menos onerosa para ambas as partes.

Assim como já acontece com os atletas profissionais, será lícito ao treinador profissional se recusar a cumprir com suas obrigações quando seus salários, no todo ou em parte, estiverem atrasados em dois ou mais meses.

Ao se fazer uma análise do referido projeto de lei é curioso notar que muitas das garantias que serão aplicadas para os treinadores já são devidas aos atletas, como a questão dos acréscimos remuneratórios, descanso semanal remunerado e jornada de trabalho de 44 horas semanais. No entanto, deve-se considerar uma liberdade de negociação entre as partes a fim de pactuar ou não a previsão de pagamento de acréscimos remuneratórios em contrato.

Todavia, a prática demonstra que em razão do calendário do futebol nacional, muitas das vezes não é possível a concessão de 24 horas contínuas de descanso semanal remunerado, razão pela qual torna-se necessária a previsão de uma livre pactuação entre as partes, assegurando patamares mínimos relacionados ao princípio da dignidade da pessoa humana.

Outrossim, o projeto de lei não se limita a propor alterações na Lei do Treinador Profissional de Futebol. Com efeito, o "Projeto de Lei Caio Júnior" propõe alterações na Lei Geral do Desporto (Lei Pelé), na parte em que estipula a obrigatoriedade da observância do intervalo de 66 horas entre partidas para jogadores, sob pena de perda de pontos das equipes e proibição de jogos nos meses de verão entre 11h e 17h.

Em que pese a previsão constante na Constituição Federal e no art. 20 do Código Civil, o direito ao uso da imagem passa a ser "assegurado" ao treinador. Logo, o direito de imagem do treinador pode ser por ele cedido ou explorado, mediante ajuste contratual de natureza civil e com fixação de direitos, deveres e condições inconfundíveis com o contrato especial de trabalho que não poderá ser superior a 25% (vinte e cinco por cento) do salário ajustado no contrato de trabalho.

Nada obstante a cessão da imagem por intermédio de um contrato de licença de uso ser assegurada a toda e qualquer pessoa, é interessante que esta previsão conste expressamente da lei que rege a atividade do treinador. Afinal, são muitos os exemplos de treinadores que se utilizam deste tipo de contrato e não são raras as decisões da Justiça do Trabalho que o reconhecem como fraude e reconhecem a natureza salarial da verba.

Ao lançar o livro *Temas Atuais de Direito Desportivo*, no ano de 2015[50], comentei a respeito da atuação da Justiça do Trabalho em casos envolvendo técnicos de futebol e trouxe ao debate as situações existentes e solucionadas pela Justiça no capítulo em que discorro acerca do "Direito de Imagem e o Treinador de Futebol"[51].

Outro ponto que tem sido alvo de críticas diz respeito à destinação de 1,5% da receita proveniente da exploração de direitos desportivos audiovisuais à Federação Brasileira de Técnicos de Futebol — FBTF, que distribuirá aos treinadores por intermédio dos sindicatos e de acordo com a participação dos técnicos nas competições. O direito de arena, prerrogativa que os clubes possuem de negociar a transmissão de suas partidas, é tema que já motivou discussões também em relação aos árbitros, que na minha visão não fazem jus à referida verba.[52]

Atualmente, 5% (cinco por cento) da renda obtida com a comercialização dos direitos de transmissão dos jogos são destinados aos atletas que participam do espetáculo. Em razão da redação do art. 42, árbitros, treinadores e membros da comissão técnica, não são contemplados por tal previsão constante na Lei Geral do Desporto. O entendimento predominante hoje na doutrina é no sentido de que as aparições da comissão técnica na mídia é consequência de suas atividades profissionais, não estando aptas ao recebimento de valores oriundos do direito de arena.

A composição dos Tribunais de Justiça Desportiva também sofrerá alterações se o projeto for aprovado. O art. 55 da Lei Pelé passaria a dispor que o Superior Tribunal de Justiça Desportiva e os Tribunais de Justiça Desportiva serão compostos por **onze membros**, que seriam indicados pela FBTF no caso do STJD e pelos Sindicatos nos TJD.

Tendo em vista que o "Projeto de Lei Caio Júnior" tramita há mais de 3 anos, muitas previsões já foram contempladas pela Lei n. 13.155/2015, que instituiu a Lei de Responsabilidade Fiscal do Esporte (LRFE). Dentre elas, está a limitação do pagamento por meio de contratos de imagem (a LRFE estipulou o limite de 40% da remuneração, enquanto o PL prevê 25%) e a limitação do recebimento antecipado das cotas de TV (enquanto a LRFE

---

(50) Disponível em: <http://correadaveiga.adv.br/temas-atuais-de-direito-desportivo-e-lancado-em-brasilia/>. Acesso em: 15 out. 2017.
(51) VEIGA, Mauricio de Figueiredo Corrêa da. *Temas atuais de direito desportivo*. São Paulo: LTr, 2015. p. 45-55.
(52) VEIGA, Mauricio de Figueiredo Corrêa da. *Manual de direito do trabalho desportivo*. 2. ed. São Paulo: LTr, 2017. p. 289-295.

vedou a antecipação de valores referentes a períodos posteriores ao término da gestão, o projeto de lei proíbe a antecipação de recursos oriundos dos contratos de transmissão).

Particularmente entendo que a limitação de contratos de cessão de imagem ao salário é atitude inócua e pouco inteligente, além de promover a legalização da fraude quando os valores se limitarem ao percentual previsto em lei.[53]

Além disso, a Confederação Brasileira de Futebol instituiu, desde o dia 10 de abril de 2017, o sistema de registro de contratos de treinadores de futebol de modo a assegurar, de acordo com a entidade, seguro de vida e acidentes pessoais também aos treinadores e não mais apenas para os atletas. Tal registro é obrigatório para os clubes participantes de todas as séries do Campeonato Brasileiro de Futebol.

Tendo em vista as grandes mudanças previstas no projeto de lei em questão é fundamental a existência de debates e audiências públicas, a fim de que a realidade da prática não seja ignorada.

5.2.3. O Projeto de Lei Geral do Desporto em tramitação no Senado Federal

Tramita no Senado Federal o Projeto de Lei Geral do Desporto que pretende a revogação da Lei n. 8.650/1993 para que sejam incluídas as previsões referentes aos treinadores nos arts. 72, 73 e 74 constantes do projeto.

Importante destacar que a lei atualmente em vigor (Lei n. 8.650/1993), fala exclusivamente do treinador profissional de futebol, enquanto que o projeto de lei fala dos treinadores esportivos, de uma forma geral, abrangendo todas as modalidades desportivas.

No projeto de lei há permissão expressa para aplicação de disposições previstas em lei e em normas coletivas, desde que não haja incompatibilidade com a lei específica.

O treinador profissional é definido como a pessoa que possua como principal atividade remunerada a preparação e supervisão da atividade esportiva de um ou vários atletas profissionais.

O exercício da profissão de treinador esportivo ficará assegurado, preferencialmente, aos portadores de diploma de educação física.

---

(53) *Ibidem*, p. 274-275.

No projeto de lei há referência expressa aos direitos e deveres dos treinadores esportivos.

No art. 73 estão enumerados os direitos do treinador esportivo profissional. A saber: I — ampla e total liberdade na orientação técnica e tática esportiva; II — apoio e assistência moral e material assegurada pelo **contratante**, para que possa bem desempenhar suas atividades; III — exigir do **contratante** o cumprimento das determinações dos organismos esportivos atinentes à sua profissão.

O treinador esportivo profissional deverá zelar pela disciplina dos atletas sob sua orientação, ministrando os treinamentos no intuito de extrair dos atletas a máxima eficiência tática e técnica em favor do contratante e manter o sigilo profissional.

Interessante apontar que a lei atual fala expressamente do treinador como empregado, prevendo requisitos de validade do contrato e prazo de duração, enquanto que o projeto que tramita no Senado substitui a palavra "empregador", por "contratante", de modo a permitir que o treinador possa celebrar **contrato de prestação de serviços** com a entidade de prática desportiva, não sendo, obrigatoriamente, empregado nos termos dos arts. 2º e 3º da CLT.

Essa possibilidade é muito mais perspicaz e alinhada com a mudança de paradigma provocada pela Lei n. 13.467/2017 (Reforma Trabalhista) que permitiu o reconhecimento e a validade de outras formas de contratação, principalmente quando o contratado for portador de diploma de nível superior e que perceba salário mensal igual ou superior a duas vezes o limite máximo dos benefícios do Regime Geral de Previdência Social.

5.2.4. Novidades que poderão ser implementadas pela Reforma Trabalhista

A Lei n. 13.467/2017, entrará em vigor no dia 11.11.2017. É a lei que implementou a Reforma Trabalhista e que tem sido alvo de severas críticas, seja em razão da forma célere com que foi aprovada, seja em razão do seu conteúdo.

Alguns pontos da reforma poderão ser aplicados no âmbito desportivo e poderão, inclusive, servir de inspiração para a nova Lei Geral do Desporto.

O art. 444 da CLT prevê a livre estipulação contratual pelas partes, sendo que a Lei n. 13.467/2017, inseriu o parágrafo único que prevê:

> **Parágrafo único.** A livre estipulação a que se refere o *caput* deste artigo aplica-se às hipóteses previstas no art. 611-A desta Consolidação, com a mesma eficácia legal e preponderância sobre os instrumen-

tos coletivos, no caso de empregado portador de diploma de nível superior e que perceba salário mensal igual ou superior a duas vezes o limite máximo dos benefícios do Regime Geral de Previdência Social.

Nota-se, portanto, que a lei prestigiou a livre manifestação de vontade daquele que possuiu diploma de nível superior e que tenha um patamar salarial ao que hoje corresponde o valor de R$ 11.062,00 (onze mil e sessenta e dois reais).

O art. 611-A da nova CLT fala da prevalência do negociado sobre o legislado e determina que a convenção coletiva e o acordo coletivo de trabalho têm prevalência sobre a lei quando, entre outros, dispuserem sobre: I — pacto quanto à jornada de trabalho, observados os limites constitucionais; II — banco de horas anual; III — intervalo intrajornada, respeitado o limite mínimo de trinta minutos para jornadas superiores a seis horas; IV — adesão ao Programa Seguro-Emprego (PSE), de que trata a Lei n. 13.189, de 19 de novembro de 2015; V — plano de cargos, salários e funções compatíveis com a condição pessoal do empregado, bem como identificação dos cargos que se enquadram como funções de confiança; VI — regulamento empresarial; VII — representante dos trabalhadores no local de trabalho; VIII — teletrabalho, regime de sobreaviso, e trabalho intermitente; IX — remuneração por produtividade, incluídas as gorjetas percebidas pelo empregado, e remuneração por desempenho individual; X — modalidade de registro de jornada de trabalho; XI — troca do dia de feriado; XII — enquadramento do grau de insalubridade; XIII — prorrogação de jornada em ambientes insalubres, sem licença prévia das autoridades competentes do Ministério do Trabalho; XIV — prêmios de incentivo em bens ou serviços, eventualmente concedidos em programas de incentivo; XV — participação nos lucros ou resultados da empresa.

Portanto, para o treinador empregado que cumprir esses requisitos será possível o exercício da autonomia e liberdade contratual.

Além disso, outra mudança que poderá afetar a atividade do treinador é a previsão da contratação do trabalhador autônomo, sem o reconhecimento deste como empregado.

> Art. 442-B. A contratação do autônomo, cumpridas por este todas as formalidades legais, com ou sem exclusividade, de forma contínua ou não, afasta a qualidade de empregado prevista no art. 3º da CLT.

Outra modalidade de contratação será por intermédio de uma pessoa jurídica. Não vislumbro nenhum óbice de o treinador constituir uma pessoa jurídica com a finalidade de prestação de serviços a um determinado clube.

Mediante a celebração de um contrato de prestação de serviços entre a entidade de prática desportiva (clube) e a empresa do treinador, poderia haver, inclusive, a contratação de todo o *staff* que acompanha o treinador, como, por exemplo, auxiliares técnicos, preparador de goleiros etc.

Dessa forma, o clube, mediante a celebração de um único contrato, já poderia contar com a comissão técnica completa que seria de confiança do treinador e não acarretaria nenhum ônus de natureza trabalhista para o clube, tendo em vista a natureza civil da pactuação.

Portanto, essa poderá ser uma realidade experimentada pelos trinadores a partir da vigência da reforma trabalhista, alterada pela MP n. 808/2017.

O referido artigo procurou trazer a legislação atual que rege a atividade do treinador de futebol e fazer um comparativo com as propostas legislativas que estão em tramitação no Parlamento Brasileiro.

É fundamental, para que a lei que vier a ser sancionada cumpra de forma efetiva o seu papel, que a realidade da atividade seja levada em consideração.

O calendário do futebol brasileiro permite o repouso semanal remunerado de 24 horas ininterruptas em todas as semanas do ano? Quais atividades estariam inclusas na jornada de trabalho do treinador e como seria feito esse controle? Essas questões precisam de solução imediata.

É por essa razão que, nesse caso, defendo a livre pactuação entre as partes envolvidas, respeitados os patamares mínimos de dignidade da pessoa e rubricas que não podem ser passíveis de transação por estarem ligadas a normas de segurança, higiene e saúde do trabalhador.

Feitas essas considerações, ousaria apresentar as seguintes medidas:

1) Aplicação da legislação para todos os Treinadores Desportivos e não apenas aos treinadores de futebol;

2) Faculdade de o treinador ser empregado, podendo celebrar contrato de prestação de serviços e prestar os seus serviços na qualidade de profissional autônomo, nos termos do art. 442-B da CLT[54];

3) Possibilidade de se transacionar a forma de gozo do repouso semanal remunerado e das férias, sendo assegurado o período de 24 horas para repouso e de 30 dias de férias.

---

(54) O Projeto de Lei Geral do Desporto que tramita no Senado Federal já alterou a palavra empregado por contratante.

A percepção e observância da realidade são essenciais para a formulação de toda e qualquer lei. O mundo e o direito estão em sinergia e interagem de forma intensa. Cabe aqui lembrar o jurista francês George Ripert: "Quando o Direito ignora a realidade, a realidade se vinga ignorando o Direito".

REFERÊNCIAS BIBLIOGRÁFICAS

ALMEIDA, Isis de. *Manual de direito processual do trabalho*. 9. ed. São Paulo: LTr, 1998. v. 2.

BARROS, Alice Monteiro de. *Curso de direito do trabalho*. 9. ed. São Paulo: LTr, 2013.

CÂMARA, Alexandre Freitas. *A nova execução de sentença*. 1. ed. Rio de Janeiro: Lumen Juris, 2006.

CARRION, Valentin. *Comentários à consolidação das leis do trabalho*. 32. ed. São Paulo: Saraiva, 2007.

CHOHFI, Thiago; CHOHFI, Marcelo. *Relações sindicais e negociações trabalhistas*. 1. ed. Rio de Janeiro: Forense, 2011.

CORRÊA, Lélio Bentes. A crise econômica e o pacto mundial pelo emprego da organização internacional do trabalho. In: *Direitos coletivos do trabalho na visão do TST. Homenagem ao ministro Rider Nogueira de Brito*. São Paulo: LTr, 2011.

CUNHA, Maria Inês Moura S. A. da. *Direito do trabalho*. 3. ed. São Paulo: Saraiva, 2004.

FILHO, Eduardo Pragmácio. *A boa-fé nas negociações coletivas trabalhistas*. 1. ed. São Paulo: LTr, 2011.

LIEBMAN, Enrico Tullio. *Processo de execução*. São Paulo: Saraiva, 1980.

MARTINS, Sergio Pinto. *Direito do trabalho*. 16. ed. São Paulo: Atlas, 2001.

MOURA, Marcelo. *Curso de direito do trabalho*. São Paulo: Saraiva, 2014.

NEGRÃO, Theotonio; GOUVÊA, José Roberto F. *Código de processo civil e legislação processual em vigor*. 39. ed. São Paulo: Saraiva, 2007.

NETO, José Francisco Siqueira. Limites da negociação coletiva de trabalho no Brasil. In: TEPEDINO, Gustavo; MELLO FILHO, Luiz Philippe Vieira; FRAZÃO, Ana; DELGADO, Gabriela Neves. *Diálogos entre o direito do trabalho e o direito civil*. São Paulo: Revista dos Tribunais, 2013.

OLIVEIRA, Francisco Antônio de. *Comentários aos enunciados do TST*. 3. ed. São Paulo: Revista dos Tribunais, 1996.

PINTO, José Augusto Rodrigues. *Execução trabalhista*. 10. ed. São Paulo: LTr, 2004.

RÁO, Vicente. *O direito e a vida dos direitos*. 5. ed. São Paulo: Revista dos Tribunais, 1999.

RODRIGUEZ, Américo Plá. *Princípios de direito do trabalho*. 3. ed. São Paulo: LTr, 2002.

ROSSI, Jones; JÚNIOR, Leonardo Mendes. *Guia politicamente incorreto do futebol*. Rio de Janeiro: Leya, 2014.

SAAD, Eduardo Gabriel. *CLT comentada*. 37. ed. São Paulo: LTr, 2004.

SERAFIM JÚNIOR, Arnor. *A prescrição na execução trabalhista*. 1. ed. São Paulo: LTr, 2006.

VEIGA, Mauricio de Figueiredo Corrêa da. *Manual de direito do trabalho desportivo*. 2. ed. São Paulo: LTr, 2016.

_____ . *Temas atuais de direito desportivo*. 1. ed. São Paulo: LTr, 2015.

_____ . Hipóteses de cabimento da prescrição intercorrente na justiça do trabalho. *Revista LTr: Legislação do Trabalho*, São Paulo, v. 71, n. 7, p. 807, jul. 2007.

_____ . A morte da negociação coletiva provocada pela nova redação da Súmula n. 277 do TST. *Revista LTr: Legislação do Trabalho*, São Paulo, v. 78, n. 10, p. 1172, out. 2012.

VILLELA, Fábio Goulart. A negociação coletiva no contrato desportivo: realidade ou falácia? In: BASTOS, Guilherme Augusto Caputo (org.). *Direito do trabalho desportivo*. São Paulo: LTr, 2013.

Sítios da *internet*

Academia Nacional de Direito Desportivo — <www.andd.com.br>.

Câmara dos Deputados — <www.camara.gov.br>.

Corrêa da Veiga Advogados — <www.correadaveiga.adv.br>.

Presidência da República — <www.planalto.gov.br>.

Trivela — <www.trivela.uol.com.br>.

Jornais

Valor Econômico, 5.5.2017.

Produção Gráfica e Editoração Eletrônica: R. P. TIEZZI
Projeto de Capa: FABIO GIGLIO
Impressão: BOK2

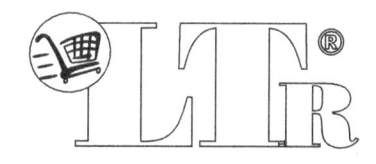

LOJA VIRTUAL
www.ltr.com.br

E-BOOKS
www.ltr.com.br